Christine Holzner-Rabe
Regina Contzen

BREMER FRAUEN

Eine Spurensuche auf dem Riensberger Friedhof

Carl Schünemann Verlag

Rundgang 2

Vorwort

Der Riensberger Friedhof ist ein ganz besonderes Kulturdenkmal. Die Anlage wurde vom Aachener Gartenarchitekten Carl Jancke (1846–1911) als Landschaftsgarten konzipiert, von rund 1.000 Arbeitern innerhalb von nur zweieinhalb Jahren mit See, Hügeln, Wegen und Rasenflächen angelegt und 1875 zeitgleich mit dem Waller Friedhof eröffnet. Eingebettet in unterschiedlich große Felder liegen die Gräber. Hier fanden auch viele bis heute bekannte Repräsentanten der Bremischen Politik, Kultur, Wissenschaft und Wirtschaft ihre letzte Ruhestätte. Meist vergessen sind hingegen Frauen, die in vielfältiger Hinsicht das Gesicht Bremens prägten und deren Leben und Leistung überraschen und bis in die Gegenwart nachwirken.

Bereits 1996 war dieser Mangel dem Bremer Frauenmuseum bewusst, weshalb im Rahmen einer ABM-Stelle die Historikerin Ute Domdey mit der Recherche zu bedeutenden Frauen beauftragt wurde. Sie stellte acht längere und vier kürzere Biografien zusammen, die 1997 als Broschüre mit dem Titel „Riensberger Gräber erzählen. Aus dem Leben Bremer Frauen" veröffentlicht wurden. Das Buch war schnell vergriffen.

Für das vorliegende Buch wurden 34 beeindruckende Frauen ausgewählt, die auf dem Riensberger Friedhof ihre letzte Ruhe fanden. Ihre Lebenswege sollen hier vorgestellt werden, dabei folgt die Reihenfolge zwei verschiedenen Rundgängen, die zu einem Besuch der Gräber, vor allem aber zu einer Auseinandersetzung mit dem Wirken der Frauen einladen. Die Grabsteine würdigen die Verstorbenen und sind persönliche sowie öffentliche Denk-Orte. Sie helfen, die Personen vor dem Vergessen zu bewahren, und illustrieren oftmals Charakter und Lebensumstände der Menschen.

Darüber hinaus lädt der Riensberger Friedhof mit seiner abwechslungsreichen Vegetation, den verborgenen Nischen und den weiten Horizonten zu jeder Jahreszeit zu stimmungsvollen Spaziergängen ein.

Rundgang 1

Rosemarie Antonia Pohl-Weber geb. Weber

1.12.1926 in Münster – 7. 7. 1990 in Bremen

Für viele mag es überraschend sein, dass das Grab von Rosemarie Pohl-Weber zwar existiert, jedoch nicht erkennbar ist, d. h. es gibt zwischen den beiden Bäumen weder einen Grabstein noch eine Grabeinfassung und auch keinen Stein mit der Grabnummer. Diese Beisetzungsart ist laut Friedhofsverwaltung auf Wunsch möglich. Im Gegensatz zu einer anonymen Beisetzung auf einem Gräberfeld, wo die Grabstelle gar nicht mehr aufzufinden ist, gibt es aber auch die Möglichkeit, den Ort der Beisetzung ohne nähere Kennzeichnung als Rasengrab zu registrieren und freizuhalten. Vermutlich hat sich Rosemarie Pohl-Weber selbst für diese Form entschieden, dennoch ist das Fehlen eines sichtbaren Grabes auch deshalb irritierend, weil Rosemarie Pohl-Weber als erste Museumsdirektorin in Bremen zu den prominentesten Frauen der Stadt gehört und ihr Vermächtnis noch immer gegenwärtig ist.

Nach dem Besuch der Annette-von-Droste-Hülshoff-Schule in Münster arbeitete Rosemarie Weber gleich nach Kriegsende bis 1947 bei der britischen Militärregierung als Dolmetscherin und legte später auch das entsprechende Examen ab. Es folgten Ausbildung und Arbeit in Buchhandlungen, und sie holte das Abitur nach. Anschließend begann sie in Münster ihr Studium für deutsche Volks- und Altertumskunde sowie Literaturgeschichte und promovierte 1963 magna cum laude. Seit 1964 arbeitete sie im Bremer Landesmuseum für Kunst und Kulturgeschichte, dem Focke-Museum, vorerst als wissenschaftliche Mitarbeiterin und Abteilungsleiterin.

Seit 1966 war Rosemarie Weber mit dem Lehrer Heinz W. Pohl verheiratet, mit dem sie einen Sohn hatte. Sie war selbstbewusst und ehrgeizig; mit 48 Jahren wurde sie am 1. Januar 1975 zur Direktorin ernannt und hatte diese Position 15 Jahre lang bis zu ihrem frühen Tod inne.

Als Autorin und Herausgeberin veröffentlichte sie kontinuierlich zahlreiche wissenschaftliche Schriften und die großen Bestandskataloge. Sie erweiterte die Sammlungen und Ausstellungen um Objekte der Alltagskultur vom Mittelalter bis zur aktuellen Stadtgeschichte; ihr war bewusst, dass ohne die Sicherung volkskundlicher Exponate jahrhundertealte Überlieferungen endgültig und unwiederbringlich verschwinden können. Mit dem Aufbau der Tarmstedter Scheune aus dem Jahr 1803 auf dem Museumsgelände schuf sie konsequent einen Ort für die Zeugnisse der ländlichen Arbeitswelt. Die Geschichte Bremens mittels Exponaten der Kaufmannschaft, der Werftarbeiter und der Zigarrenmacher sichtbar zu machen, war für die Direktorin eines Landesmuseums selbstverständlich. Daneben befand sich Rosemarie Pohl-Weber in einem ständigen Kampf gegen Baumängel des Hauses und musste sich um die Sanierung, Unversehrtheit und Erhaltung der Exponate kümmern, immer vor dem Hintergrund von einengenden Sparhaushalten und Personalmangel. Permanente Unterstützung fand

Rosemarie Pohl-Weber im Freundeskreis des Focke-Museums. Ihrem unermüdlichen Einsatz sind zudem die Verbesserung der konservatorischen Bedingungen und der perfekte Zustand des Magazins zu verdanken. Durch ihre erfolgreiche Museumspädagogik wurde das Haus zu einem wichtigen und anerkannten Lern- und Erlebnisort.

Zu ihren wohl aufregendsten und bedeutendsten Arbeiten gehörte die Bergung und Jahrzehnte dauernde Konservierung der 1962 in der Weser entdeckten Bremer Kogge aus dem 14. Jahrhundert. Ob in der Taucherglocke auf dem Wesergrund oder am Schreibtisch, die Erhaltung des Schiffes ist untrennbar mit ihrem Namen verbunden.

Rosemarie Pohl-Weber wusste schon länger, dass sie schwer krank war, und bat ein Jahr vor ihrem Tod den Senat, sich um eine Nachfolgeregelung im Falle ihres Ablebens zu kümmern. Bei der Trauerfeier beschrieb der ehemalige Senator für Wissenschaft, Kunst und Bildung Horst Werner Franke mit warmen Worten die Arbeit und Persönlichkeit von Rosemarie Pohl-Weber und fasste ihren unermüdlichen Einsatz für das Museum zusammen: „Es ist vielleicht das Los der Tüchtigen, dass bei ihnen das Außerordentliche selbstverständlich wird."

Nach Beschluss des Beirats Schwachhausen vom 20.12.2018 wurde eine Straße im Stadtteil nach ihr benannt.

Einst: N 129

Sophie Amalie Gildemeister

16.6.1803 in Bremen – 25.3.1890 in Bremen

Das schon lange aufgelöste Grab von Sophie Amalie Gildemeister lag im Sektor N. Wie es aussah, lässt sich heute nicht mehr rekonstruieren.

Sophie war eines von neun Kindern von Dr. Johann Friedrich Gildemeister (1750–1812), Syndikus der Elterleute und Jurist, und Caroline Amalie, geb. Kotzebue (1759–1844), Schwester des Dichters August Kotzebue und Hofdame von Herzogin Anna Amalie. Nach dem Tod des Vaters zog die Mutter mit Sophie und zwei weiteren Töchtern zurück in ihre Heimat- und Geburtsstadt Weimar. Sie erhoffte sich dort ein kulturell anregenderes Leben als in der Kaufmannsstadt Bremen. Sie nahm drei Pflegetöchter auf, um ihre Finanzmittel zu verbessern und dadurch einen angemessenen Lebensstil führen zu können. Mit einer der drei, Josephe Stolberg, verband Sophie eine tiefe Freundschaft, die 1841 abrupt mit Josephes Tod im Kindbett endete. Die Briefe von Sophie an Josephe wurden 1958 von Friedrich Mess, Urenkel von Josephe, herausgegeben, wodurch wir einen Einblick in das Leben und die Gedanken Sophie Gildemeisters bekommen.

Nach dem Tod ihrer Großmutter Kotzebue kehrte Sophie Amalie gemeinsam mit ihrer Mutter 1828 zurück in die Hansestadt. Da die Mutter weder fremde Näherinnen noch Wäscherinnen im Haus duldete, kümmerte sich die unverheiratete Sophie gemeinsam mit zwei verwitweten Schwestern um den Haushalt. Dabei versuchte Sophie als „freigeborne Tochter einer freien Reichsstadt [...] und als solche natürlich von Freiheitssinn durchdrungen", demokratisches Gedankengut in die „monarchische"[1] Denkweise ihrer Mutter einzubringen.

Sie unternahm mehrere Reisen und übernahm immer wieder Aufgaben in der großen Gildemeister-Verwandtschaft, wenn Kinder geboren wurden oder erkrankten, Eltern verstarben oder sonstige Ereignisse Unterstützung nötig machten. So erteilte sie auch ihrem kleinen Neffen, dem späteren Bremer Bürgermeister Otto Gildemeister, Klavierunterricht. In einem Brief an ihre Freundin Josephe hielt sie fest, dass er ihr „nicht dumm", aber „äußerlich hässlich [...] mit einem guten Kopf und einem äußerst ehrlichen Gemüth"[2] erscheine.

Ihre Liebe zur Musik wurde schließlich ihr Beruf, offenbar unterrichtete sie täglich mehrere Stunden und schrieb an Josephe Stolberg nach einem unvergesslichen musikalischen Abend in Weimar: „Immer schmerzlicher fühle ich das Entbehren eines solchen

1 Mess, S. 31, 32.

2 Ders., S. 11, 18.

Lehrers. Was hätte ein genialer Unterricht auf mich wirken, was hätte er vielleicht aus mir bilden können! Ich mag daran nicht denken. So trampele ich auf meine eigene dumme Weise durchs Leben und begnüge mich mit den einzelnen Lichtstrahlen, die mitunter in mein sehnsüchtiges Gemüth hereinfallen!“[3]

Sophie Amalie Gildemeister war eine gebildete Frau, an ihrem Schreibstil erkennt man ihr Niveau und ihre Belesenheit, an den Inhalten ihre Anteilnahme am politischen Geschehen und ihren Bildungshunger. So nahm sie Unterricht bei einem Professor für Geschichte am Bremer Gymnasium, dessen Tochter eine ihrer Klavierschülerinnen war. Sie war ganz offensichtlich eine gute Menschenkennerin und genaue Beobachterin der weitverzweigten Gildemeister-Familie und scheute sich nicht, deren Meinungen und Handlungen zu hinterfragen und auch zu kritisieren. „Mir ist es unerklärlich, wie man als junger Mensch so wenig Sinn für das freie, begeisterte Streben äußern kann, welches Aller Herzen jetzt so mächtig bewegt“[4], schrieb sie über einen Neffen, der in Göttingen studierte.

Dass sie als intelligentes Mädchen in ihrer Zeit nicht dieselben Möglichkeiten hatte wie die Männer der höchst erfolgreichen, außerordentlich gebildeten und ungewöhnlich vielseitig tätigen Gildemeister-Sippe, war ihr Unglück. Ihr Glück war, dass sie Mitglied dieser anregenden und angesehenen Familie war und somit die ihr gebotenen Chancen nutzen konnte.

Ihr Porträt stammt aus der ersten Hälfte des 19. Jahrhunderts, der Maler ist nicht überliefert. Es befindet sich heute in der „Stiftung Weimarer Klassik und Kunstsammlungen“ in Weimar.

3 Ders., S. 22.

4 Ders., S. 25.

Q 13

Anneliese Loose-Hartke

geb. Hartke

30.12.1921 in Bremen – 14. 2. 2007 in Bremen

Direkt am Weg liegt das Grab von Anneliese Loose-Hartke, in dem auch ihr Mann Wolfgang Loose (1916–2014) beigesetzt ist. Der graue Granitstein ist schlicht gehalten, entspricht aber als Monument durchaus der Bedeutung des Ehepaares.

Anneliese wuchs als Tochter des Bäckers Christian Hartke[1] im Schnoor-Viertel auf. Das große Haus Am Landherrnamt 3 ist bis heute unübersehbar als „Hartke-Haus“ beschriftet. Als der gebürtige Dresdner Wolfgang Loose nach dem Zweiten Weltkrieg nach Bremen kam und keine Arbeit als Bankkaufmann fand, überredete ihn sein Schwiegervater, in die Bäckerei einzusteigen. Anneliese Loose-Hartke führte mit ihrem Mann die Bäckerei weiter und schon bald entdeckten die beiden ihr Anliegen, sich für den Erhalt des alten Stadtteils nicht nur einzusetzen – Bremen wollte alles abreißen –, sondern auch die lange Geschichte des Schnoor-Viertels und seiner Menschen zu erforschen und zu bewahren.

So gründete Wolfgang Loose 1959 das Schnoor-Archiv in zwei Nebenräumen der Bäckerei und verfasste mit den Denkmalpflegern auch Publikationen. Sein profundes Wissen und sein Kümmern um den Erhalt der Schnoorhäuser brachten ihm schließlich den Titel „Schnoor-Bürgermeister“ ein. Mit dem Umzug des Paares ins Landhaus Horn der Bremer Heimstiftung 2003 und dem Verkauf des Bäckereihauses 2004 übersiedelte das Archiv 2007 schließlich ins St.-Jakobus-Packhaus im Schnoor.

Anneliese Loose-Hartke war eine beeindruckende Frau. Eine „echte“ Bremerin, die mit feinsinnigem Humor, aufgeschlossen und klug, uneigennützig und liebevoll durch das „Schifferhaus“ am Stavendamm im Schnoor führte, dabei den Gebrauch längst vergessener Gerätschaften mit „s-pitzem S“ erläuterte und sich freute, wenn ihre kleinen und großen Besucher:innen begeistert die Atmosphäre und Geschichte(n) des kleinen Alltagsmuseums bestaunten. Für dieses ehrenamtliche Engagement bis ins hohe Alter erhielt Anneliese Loose-Hartke 2001 aus der Hand des damaligen Bürgermeisters Henning Scherf im Auftrag des Bundespräsidenten Johannes Rau die Bundesverdienstmedaille.

1 Lebensdaten und auch der Name der Mutter sind nicht überliefert.

Doch ihr Herzenswunsch, das originelle Haus aus dem Jahr 1630 dauerhaft für die Öffentlichkeit zu erhalten, zerschlug sich. Der Sanierungsbedarf erschien Bremen zu groß und zu teuer, und so wurde es 2003 verkauft und wird seither als Laden genutzt.

Das Ehepaar hatte sich um die letzte Bewohnerin des Schifferhauses, die sie „Tante“ nannten, gekümmert, die es ihnen dann 1972 auch vermachte. Hier wurde bereits der Grundstein für das weitere Engagement Anneliese Loose-Hartkes für alte und einsame Menschen gelegt. Die gemeinsame Idee, eine Stiftung zu gründen, realisierte Wolfgang Loose im Todesjahr seiner Frau 2007 und benannte sie ihr zu Ehren Anneliese-Loose-Hartke-Stiftung. Sie bemüht sich seither mit einem umfangreichen Angebot darum, alte Menschen und Benachteiligte aus Isolation und Einsamkeit herauszuführen. So bietet die Stiftung z. B. in jedem Bremer Stadtteil Weihnachtsfeiern und andere Zusammenkünfte an. Die Stiftung zeichnet zudem jährlich im Rahmen einer Feier in der Oberen Rathaushalle Menschen und Organisationen aus, die sich wie die Namensgeberin ehrenamtlich und freiwillig um ihre Mitmenschen kümmern.

Im Bürgerpark liegt nahe der Parkallee auf einer Anhöhe über dem Spielplatz seit 2006 der Anneliese-Loose-Hartke-Platz. Er wurde noch zu Lebzeiten Annelieses benannt. Dort sind auch mit den Namen der Eheleute und des Sohnes beschriftete Bänke aufgestellt, die Wolfgang Loose spendete.

K 136

Inge Gurlit

geb. Mond

23.7.1937 in Bremen – 27.1.2013 in Bremen

Der Grabstein der Familie Gurlit aus poliertem dunkelgrauen Granit ist niedrig mit einer leicht geschwungenen Oberkante und steht mitten im Gräberfeld. Hier sind die Schwiegereltern Wilhelm und Margarethe Gurlit und auch ihr Mann Reinhard (1922–2005) beigesetzt.

Über Inge Gurlits Eltern gibt es keine Veröffentlichungen. Ihr eigenes Leben als Kind und Jugendliche bezeichnete sie als typisch für alle Trümmerkinder und Teenager der Bremer Nachkriegszeit. Von ihr selbst wissen wir, dass sie Geschwister hatte und das Gymnasium am Leibnizplatz besuchte.

Inge Gurlit könnte man als „Kirchenfrau“ bezeichnen. Die Bremische Evangelische Kirche (BEK) war ihre Heimat, in Glaubensfragen ebenso wie in Organisations- und Arbeitsaufgaben. Inge Gurlit bekleidete innerhalb der BEK verschiedene Ämter, so arbeitete sie von 1977 bis 1992 im Vorstand des Landesverbandes der Evangelischen Frauenhilfe in Bremen e. V. mit, war zwischen 1985 und 1988 die stellvertretende Vorsitzende und wurde 1989 als erste Frau zur Vizepräsidentin des Kirchenausschusses gewählt. Dieses Amt hatte sie zwölf Jahre bis 2001 inne. Sie vertrat die BEK von 1991 bis 2003 als Delegierte in der Synode der Evangelischen Kirche Deutschlands und gehörte ab 1998 dem Präsidium an.

Inge Gurlit war Mitglied in der St. Remberti-Gemeinde und dort von 2005 bis 2010 Bauherrin, war also Teil des geschäftsführenden Vorstands. In dieser Funktion vertrat sie die Gemeinde nach außen und verwaltete das Vermögen. Der Ausbau des Kindergartens und die Sanierung des Gemeindegebäudes fielen in ihre Verantwortung. Dass Frauen das Amt des Bauherrn innehaben können, sieht die BEK seit der Mitte des 20. Jahrhunderts vor. Dennoch war die Wahl Inge Gurlits aufsehenerregend; für sie selbst aber die logische Konsequenz ihrer Forderung nach paritätischer Ämterverteilung innerhalb der Kirche. Sie war damit ein Vorbild für andere Frauen. Die Arbeit mit und für Frauen sowie die Schaffung von Tageseinrichtungen für Kinder waren ihr ein stetes Anliegen. Die kindlichen Bedürfnisse und jene der Mütter kannte sie selbst als Mutter dreier Kinder aus eigener Erfahrung.

Inge Gurlit war eine Frau, die scharfsinnig und klug für die Gleichberechtigung der Frau eintrat, nicht nur in der Gesellschaft, sondern auch in der Kirche; sie gehörte somit zur großen Aufbruchsbewegung von Frauen innerhalb der BEK, beeinflusst durch die feministische Theologie der 1980er-Jahre und die Frauenbewegung. Als großer Erfolg gilt die Einstellung einer BEK-Frauenbeauftragten 1994 während Inge Gurlits Amtszeit als Vizepräsidentin des Kirchenausschusses.

In vielen Artikeln in der Zeitschrift „Frauen heute", deren Herausgabe sie mitverantwortete, formulierte sie schonungslos, kompromisslos und offen Ungerechtigkeiten gegenüber Frauen und deren berechtigte Ansprüche. Dabei überschrieb sie, wie oftmals auch die anderen Autorinnen, ihre Artikel und Aufsätze provokant und griffig, manchmal auch mit einem entlarvenden Zitat.

Bemerkenswert ist diese Arbeit bereits an sich, es darf dabei aber auch nicht vergessen werden, dass Inge Gurlit größtenteils ehrenamtlich arbeitete.

Q 347

Tusnelde Forck

3.5.1897 in Seehausen bei Bremen –
2.9.1972 in Bad Schwartau

Elisabeth Wilhelmine Forck

18.1.1900 in Seehausen bei Bremen –
7.9.1988 in Bremen

Ein aufrecht stehender Sandstein kennzeichnet das Grab der Familie Daniel Forck. Auf der liegenden Grabplatte liest man die Namen von fünf der zehn Geschwister, die Eltern Daniel Benjamin Forck (1861–1918) und Bertha Christina Beate, geb. Flaischlen (1876–1929), hingegen werden nicht explizit genannt.
Das gepflegte Grab ist mit Findlingen gerahmt und liegt nahe am Weg.

Die Pastorenfamilie zog 1902 nach Bremen, wo für die zehn Kinder die besten Bildungschancen bestanden und Daniel Forck als Seelsorger an den Städtischen Krankenanstalten arbeiten konnte.

Tusnelde und Elisabeth Forck besuchten eine Höhere Mädchenschule (Lyceum), von der Elisabeth an das Gymnasium am Barkhof wechselte und das Abitur[1] ablegte. Tusnelde blieb nach zehnjährigem Unterricht zu Hause bei der Mutter und erlernte die Hauswirtschaft. Mit 20 Jahren, von 1917 bis 1919, besuchte sie ein Seminar des Frauen- Erwerbs- und Ausbildungsvereins und wurde Hauswirtschaftslehrerin an der Mädchenpflichtfortbildungsschule in Bremen. Elisabeth hingegen begann 1918 ein akademisches Studium für Philologie und Religion in Göttingen und Marburg. Mit der Lehrbefähigung für Latein, Griechisch und Religion schloss sie ihr Studium 1923 mit der Note Gut ab. Nach dem Referendariat in Göttingen und Hannover trat sie 1926 an der Städtischen Lehranstalt für Mädchen Kleine Helle (Gymnasium) in den bremischen Schuldienst ein.

Mit dem Machtantritt der Nationalsozialisten änderten sich auch die religiösen seelsorgerischen Möglichkeiten. Die Schwestern traten nun der Bekenntnisgemeinde Alt-Stephani-Süd bei, wo sie in Pastor Gustav Greiffenhagen einen streitbaren Glaubensgenossen gegen die offizielle Richtung der „Deutschen Christen" fanden. Elisabeth Forck wurde Mitglied in der Gemeindeleitung, Tusnelde Forck betreute die Nähstube. Als im Oktober 1941 die Deportation aller jüdischen Bremer:innen zum angeblichen Arbeitseinsatz im Osten befohlen wurde, mussten sich auch die getauften jüdischen Gemeindemitglieder dem Befehl stellen. Am 2. November 1941 hielt Pastor Greiffenhagen einen öffentlichen Reformationsgottesdienst ab, bei dem drei getaufte jüdische Stephani-Gemeindemitglieder ausdrücklich eingeladen, in das Fürbittengebet eingeschlossen

1 Seit 1908 waren Mädchen in Deutschland zum Abitur zugelassen.

und gesegnet wurden, am Abendmahl teilnahmen und die Kollekte von 30 Reichsmark für den angeblichen „Neuanfang" ausgehändigt bekamen. Nach dem Gottesdienst kam es zu einer herzlichen Verabschiedung vor der St. Stephanikirche. Der regimetreue Pastor Herbert Fischer der Deutschen Christen, der am Stephanikirchhof wohnte, beobachtete die Vorgänge und denunzierte die Gemeindemitglieder noch am selben Tag beim Bürgermeister mit einem bösen Brief. Tusnelde Forck und dreizehn andere Gemeindemitglieder wurden daraufhin verhaftet. Tusnelde verurteilte man zu einer Geldstrafe in Höhe eines Monatsgehalts, weil sie die Kleidersammlung für die Familien unterstützt hatte.

Elisabeth Forck hatte als Mitglied in der Gemeindeleitung einen Protestbrief gegen die Verhaftungen mit unterschrieben und auch der Post übergeben. Als verbeamteter Lehrerin hielt man ihr Landesverrat vor. Sie wurde gezwungen, ihr Amt in der Gemeindeleitung niederzulegen, wenn sie weiter als Lehrerin arbeiten wollte. Letztlich kamen die Schwestern damit unter den damaligen Verhältnissen glimpflich davon.

Nach dem Krieg wurde Elisabeth Forck von 1949 bis 1963 Direktorin des Gymnasiums Kleine Helle und setzte sich seit 1950 als Mitglied in der Gesellschaft für Christlich-Jüdische Zusammenarbeit und als Vorsitzende von 1968 bis 1976 für die Aussöhnung ein. Sie erwarb internationales Ansehen als eine der wenigen deutschen Repräsentantinnen an der Internationalen Erzieherkonferenz der Christlich-Jüdischen Gesellschaft in London 1965. Für ihre Hilfe für die christlich-jüdischen Stephani-Mitglieder sollte sie 1965 das Bundesverdienstkreuz erhalten. Sie lehnte es jedoch mit der Begründung ab, dass sie für ihre Christenpflicht keine öffentliche Auszeichnung annehmen könne.

Tusnelde Forck begann ab 1952, nach ihrem gesundheitlich bedingten frühzeitigen Ausscheiden aus dem Schuldienst, ihre Forschungen zu Bremer Pastorengeschlechtern seit der Reformation, unterstützt von der Bremischen Evangelischen Kirche. Zu Ende bringen konnte sie ihr Vorhaben nicht, es füllt zehn Aktenordner, die sich in der familiengeschichtlichen Sammlung MAUS im Bremer Staatsarchiv befinden.

S 184

Dr. Erika Riemer-Noltenius

geb. Noltenius

15.11.1939 in Kiel – 13.6.2009 in Bremen

Auf der schlichten Grabplatte sind die Namen von drei weiteren Frauen eingraviert, die leider nicht zugeordnet werden können. Auf dem stehenden Stein wird Elsa Noltenius genannt, sie war eine Großmutter von Erika. Friedrich Hermann könnte ihr Großvater gewesen sein. Er war Generalkonsul in Japan sowie Direktor und Vorstandsvorsitzender der Atlas-Werke. Von Dr. jur. Johanne Wolff weiß man, dass sie Rechtsanwältin, Richterin am Landgericht und von 1967 bis 1971 für die CDU Bürgerschaftsabgeordnete war. Das Verwandtschaftsverhältnis zu Erika ist unbekannt.

1707 hatte der Vorfahr Johannes Nolte seinen Namen latinisiert, seither tragen die zahlreichen Nachkommen diesen wohlklingenden Familiennamen. Das schmückende Noltenius-Familienwappen zeigt eine sich zur Sonne wendende Sonnenblume. Die Umschrift QVO PERGIS EODEM VERGO ist der dazu gehörende Sinnspruch: „Wo du bist, will ich sein." Vor ihrem Tod wünschte sich Erika Riemer-Noltenius, dass die Trauergäste in normaler Kleidung und mit einer Sonnenblume in der Hand zu ihrer Beerdigung kommen sollten.

Erika und ihr älterer Bruder Peter verloren den Vater Friedrich August Noltenius (1909–1940) im Krieg. Die Mutter Gertrud Elisabeth, geb. Heine (1910–1990), von Beruf Ärztin, übersiedelte 1946 mit den Kindern von Würzburg nach Bremen. Sie legte größten Wert auf gute Schulleistungen und trieb die Tochter mit Druck zum Abitur. Anschließend studierte Erika in Hamburg Geschichte und Französisch sowie in Paris Politik, ehe sie in Wien promovierte. Als erste Frau in der Position einer Referentin für Außenwirtschaft arbeitete sie seit 1967 in der Bremer Handelskammer.

Nach dem Tod ihres Mannes Rudolf Riemer (1911–1982) engagierte sich Erika in der feministischen Politikarbeit. 1985 wurde sie in den Vorstand des Akademikerinnenbundes gewählt, gründete 1988 den Bremer Frauenclub, gehörte von 1989 bis 1997 zuerst als Zweite und dann als Erste Vorsitzende dem Bremer Frauenausschuss (heute Landesfrauenrat Bremen) an, gründete 1994 den Förderverein Virginia Woolf Frauenuniversität und 1995 den Bremer Landesverband der Feministischen Partei DIE FRAUEN.

Erika Riemer-Noltenius gehörte zu jenen Frauen, deren Tatkraft schier unerschöpflich schien. Mit ihrem Namen ist in Bremen die Errichtung des Beginenhofs verbunden. Vorbild für dieses Frauenwohnprojekt in der Bremer Neustadt waren die mittelalterlichen Beginen, die als unverheiratete Frauen in großen Höfen in religiösen Wirtschaftsgemeinschaften zusammenlebten und -arbeiteten.

Im Gegensatz zu den Nonnen legten sie kein ewiges Gelübde ab und konnten jederzeit austreten. Diese Lebensform faszinierte Erika, und sie begeisterte auch andere Frauen für die Idee eines modernen Beginenhofs. Der Bau des 32-Millionen-Euro-Projekts fand große Beachtung, wurde bei der EXPO 2000 ausgezeichnet und erhielt den ersten Preis der Agenda 21 in Bremen. 2001 zogen die ersten Frauen ein, zwei Drittel der 85 Wohnungen waren sozial gebunden, das andere Drittel wurde zu Eigentumswohnungen. Zudem standen 2.000 Quadratmeter Gewerbefläche zur Verfügung. Die schwierige Finanzierung und die vielen Baumängel führten jedoch ins Desaster. Erika verlor ihr Wohnhaus und wie die anderen Frauen ihr genossenschaftlich eingezahltes Geld. 2008 erwarb die Wohnungsbaugenossenschaft GEWOBA AG 45 Wohnungen und verwaltet seither die Gebäude. Erika zog schließlich selbst ein, dort konnte sie so leben, wie sie es sich für die Beginen gewünscht hatte: in Freundschaft mit gleichgesinnten Frauen mit gegenseitiger Unterstützung und Hilfe bis zum Tod.

Etwa ein Jahr vor ihrem Tod wurde Erika Riemer-Noltenius am 8. März 2008 für ihre frauenpolitische Arbeit im Rahmen des Festaktes zum Weltfrauentag in der Oberen Rathaushalle als „Frau des Jahres“ ausgezeichnet. Ihre nachhaltigste Initiative, der Bremer Beginenhof, fand Nachahmer und so gibt es heute achtzehn solcher Wohnprojekte in Deutschland, z. B. in Essen, München, Dortmund und in Kempten.

V 109-113

Aline Charlotte von Kapff

20.7.1842 in Bremen – 25.3.1936 in Bremen

Schon von Weitem sieht man den vier Meter hohen Obelisken mit dem Wappen der von Kapffs. Die Württemberger Adelsfamilie war Mitte des 17. Jahrhunderts nach Bremen gezogen und hatte einen Handel mit Bordeaux-Weinen aufgebaut. Das Grab macht einen vergessenen Eindruck. Die eingravierten Namen der in der Gruft beigesetzten Personen sind so stark verwittert, dass man sie kaum entziffern kann. Einzig lesbar ist der nachgearbeitete Name der Malerin und Kunstmäzenin Aline von Kapff.

Nach dem Besuch einer standesgemäßen Höheren Töchterschule ermöglichten die wohlhabenden, kunstinteressierten und liberalen Eltern Johann Wilhelm André von Kapff (1806–1875) und Louise, geb. Storck (1812–1877), der begabten Tochter Malunterricht bei der angesehenen Bremer Malerin Amalie Murtfeld[1]. Die Ausbildung sollte allerdings nur dem Zeitvertreib dienen. So unternahm Aline mehrere Kultur- und Studienreisen nach München, Italien, Spanien und sogar nach Nordafrika. In Paris fanden ihre Gemälde bei den jährlichen Ausstellungen Platz und Anerkennung. Dennoch forcierte sie ihre Karriere als Malerin nicht weiter, sondern etablierte in ihrem herrschaftlichen Wohnhaus an der Schwachhauser Chaussee 14 ein Atelier für junge Künstler und einen Kunstsalon, in dem nicht nur Unterhaltungen in Form von Teenachmittagen und Kostümbällen stattfanden, sondern auch Begegnungen von Künstler:innen, Literat:innen, Kunstkenner:innen und –liebhaber:innen. Auch Rainer Maria Rilke verbrachte dort „schöne Stunden“[2].

Als Kunstexpertin unterschrieb sie den „Protest deutscher Künstler“ 1911 gegen den Ankauf des „Mohnfeldes“ von Vincent van Gogh durch den Direktor der Bremer Kunsthalle Gustav Pauli nicht. Über den Bremer Kunstverein und das Kupferstichkabinett war Aline von Kapff auch mit der Familie Becker freundschaftlich verbunden und vermittelte den Kontakt zu Fritz Mackensen, der die junge Paula in Worpswede bei ihren Malstudien unterstützte.[3] Die Eltern Paula Beckers wohnten seit 1899 nach dem Umzug von der Schwachhauser Heerstraße im neugotischen Geschäftshaus der von Kapffs[4] an der Wachtstraße 43, dort, wo heute der Kühne & Nagel-Neubau steht. Hier hatten Paula Becker und Otto Modersohn 1901 auch geheiratet.

1 Siehe hierzu auch Amalie Murtfeld S. 78.

2 Hethey, Frank: Rilkes Gönnerin in Schwachhausen, in: Weser Kurier 13.7.2017.

3 Busch, S. 73.

4 Der Weinhandel Ludwig von Kapff ist heute nicht mehr im Besitz der Familie.

Aline von Kapff engagierte sich als Ehrenvorsitzende im Verein Mütter- und Säuglingsheim von Auguste Kirchhoff[5] und mietete in der Kirchbachstraße gegen den Widerstand der Nachbarschaft ein Heim für unverheiratete Mütter und deren Kinder an. Sie unterstützte zwar im „Flottenbund deutscher Frauen“ Lazarette, Invaliden- und Altersheime für die Soldaten, blieb aber ihrer grundsätzlich pazifistischen Haltung treu. Deshalb unterschrieb sie auch nicht den Aufruf gegen die Teilnahme Auguste Kirchhoffs am Internationalen Frauenfriedenskongress in Den Haag 1915.[6]

Nach dem Ersten Weltkrieg musste Aline von Kapff in eine vergleichsweise bescheidenere Behausung umziehen. Dieses Gebäude, nun Schwachhauser Heerstraße 62, wurde schließlich in das Kippenberg-Gymnasium integriert, aber leider „zugunsten“ des Zentralbaus 1968 abgerissen. Dort ist seit Juli 2017 immerhin eine Erinnerungstafel für die Kunstmäzenin angebracht.

Aline von Kapff führte zweifelsfrei ein höchst anregendes und interessantes Leben, das sich zwar innerhalb ihres großbürgerlichen Standes bewegte, sie scheute sich aber nicht, karitativ für Unterprivilegierte einzutreten, und trat auch sonst durchaus unkonventionell auf: Sie war die erste Frau in Bremen, die Fahrrad fuhr – und sich somit über das Fahrradverbot für Frauen hinweggesetzte.[7] Ihr Gemälde „Fischverkäuferin“ von 1887 hängt heute im Finanzamt Bremen Mitte, das Gemälde „Gemüseverkäuferin“ aus demselben Jahr befindet sich in der Kunsthalle.

5 Siehe hierzu auch Auguste Kirchhoff, S. 101.

6 Siehe hierzu auch Félicie Susemihl-Gildemeister. S. 72.

7 https://www.movingfilms.de/das-vieh-scheut_de/

U 612

Dr. Veronica Carstens

geb. Prior

18.6.1923 in Bielefeld – 25.1.2012 in Bonn

Veronica Carstens, Ehefrau des aus Bremen stammenden Bundespräsidenten Karl Carstens (1914–1992), fand ihre letzte Ruhestätte in Bremen an der Seite ihres Mannes. Im Grab beigesetzt sind auch die Schwiegereltern Dr. phil. Karl Carstens und Gertrud Carstens. Am oberen Grabsteinrand steht der Bibelspruch „Wo der Geist des Herrn ist, da ist Freiheit." Das Kreuz kann nicht eindeutig zugeordnet werden. Da es in einen Kreis eingeschrieben ist, könnte es das Symbol für Himmel und Erde sein oder auch ein Hinweis auf das protestantische Bekenntnis der Eheleute.

Wie ihr Mann stammte auch Veronica Carstens aus einem sehr religiösen Elternhaus, dessen liberale, mitmenschliche und tolerante Werte ihr ganzes Leben bestimmten. Die Mutter Auguste, geb. Maute (1891–1991), sah in ihrer Familienarbeit für die vier Kinder ihre Lebensaufgabe und prägte Veronica nachhaltig. Vom Vater Wilhelm (1885–1969) übernahm sie die Liebe zur Musik. Alle Kinder spielten ein Instrument, und Hausmusik hatte einen hohen Stellenwert. Veronica besuchte das Mädchengymnasium Cecilienschule in Bielefeld, legte 1941 ihr Abitur ab und begann nach dem obligatorischen Arbeitsdienst in der Landwirtschaft 1942 das Medizinstudium in Freiburg. Eigentlich wollte sie Musik studieren, doch in der Kriegszeit war das nicht möglich. Von 1944 bis 1945 arbeitete sie als Lazarettschwester beim Roten Kreuz und gab ihr Studium vorerst auf.

Bei der Hochzeitsfeier ihrer Schwester 1943 lernte sie den Rechtsanwalt Karl Carstens kennen, 18 Monate später, 1944, heirateten die beiden. Als Karl ab 1948 ein Jahr allein in den USA an der Yale University studierte und den Master of Law ablegte, besuchte Veronica die Bremer Handelsschule und erlernte Stenografie, Buchhaltung und Schreibmaschineschreiben.

Nach zwölf Jahren Ehe stand fest, dass sie kinderlos bleiben würden. Auf Anraten ihres Mannes nahm Veronica Carstens 1956 das Medizinstudium wieder auf und schloss es 1960 mit ihrer Promotion ab. Während Karl Carstens juristisch und politisch in bedeutende Ämter aufstieg, eröffnete sie im kleinen Ort Meckenheim in der Nähe von Bonn ihre eigene internistische Praxis. Dort baute das Ehepaar 1973 ein Haus, das auch während Karl Carstens' Amtszeit als Bundespräsident von 1979 bis 1984 ihr Zuhause blieb. Veronica Carstens ordinierte weiter und übernahm parallel als First Lady alle anfallenden Repräsentationsaufgaben. Sie amtierte als Schirmherrin der Deutschen Multiple-Sklerose-Gesellschaft, der UNICEF-Deutschland, des Müttergenesungswerks und war Vorsitzende der Deutschen Altenhilfe.

Das Paar gründete 1982 die „Karl und Veronica Carstens-Stiftung“ und 1983 die Fördergemeinschaft „Natur und Medizin e. V.“, die die sogenannte Erfahrungsheilkunde fördert. Für die Ärztin sollten neben der Schulmedizin die jahrtausendealten Erfahrungen in der Krankenheilung und -vorbeugung eine gleichwertige Bedeutung erhalten. Sie setzte sich dafür ein, dass das Wissen über Naturheilkunde auch in der medizinischen Ausbildung der Universitäten vermittelt werden solle. Als Pionierin sah Veronica Carstens die Bedeutung einer natürlichen Lebensweise, die Problematik der Ausbeutung der Natur, die Beschränktheit der Ressourcen und mahnte zur Abkehr von Stress hin zu Muße und Besinnung. Für diesen Zweck vererbten die Eheleute ihr Vermögen an die Stiftung.

Obwohl Veronica und Karl Carstens ihren Lebensabend in Meckenheim verbrachten, wurden beide auf dem Riensberger Friedhof beigesetzt.

T 631

Magdalene Carlotta Pauli geb. Melchers

4.11.1875 in Bremen – 5.8.1970 in Bremen

Magda, so ihr Rufname, wurde im Grab der Schwiegereltern, dem Bürgermeister Alfred Pauli (1827–1915) und seiner Frau Emmy (1833–1890) beigesetzt. Auch ihr Ehemann Prof. Dr. Gustav Pauli (1866–1938) und die gemeinsamen Kinder Liselotte, Alfred und Carl Theodor[1] *haben hier ihre letzte Ruhestätte gefunden. Das Grab gleich an der Weggabelung ist durch ein hohes, leuchtend weißes Marmorkreuz und die davorliegende große, eng beschriftete Platte leicht zu erkennen.*

1 Liselotte (1902–1931), Alfred (1896–1938), Carl Theodor (1914–1944).

Die Ehefrau des Kunsthallendirektors Gustav Pauli wurde einem großen Publikum in Bremen unter ihrem Pseudonym Marga Berck bekannt, als sie 1951 ihren Briefwechsel mit ihrer Freundin und Cousine Bertha Schellhass, im Roman Bertha Elking, unter dem Titel „Sommer in Lesmona" veröffentlichte. Durch die Verfilmung von Peter Beauvais 1986 mit der jungen Katja Riemann in der Hauptrolle, die Beauvais frisch aus der Schauspielschule engagiert hatte, erfolgte ein weiterer Popularitätsschub. In dem Briefroman erhält man authentische Einblicke in das großbürgerliche Bremen um 1900, sein gesellschaftliches und kulturelles Leben, aber auch in die Zwänge, Ängste und Bedürfnisse sowie in die Alltäglichkeiten und Privilegien der jungen Frauen und Männer innerhalb ihres Standes.

Magdalene Melchers erlebte nicht nur eine sorgenfreie, unbeschwerte Kindheit und Jugend, sondern wuchs in großem Luxus und mit der Aussicht auf eine glückliche Zukunft an der Seite eines standesgemäßen Ehemanns auf; in diesem Sinne wurde sie auch erzogen. Ihre Eltern Karl Theodor Melchers (1839–1923) und Luise Adelgunde, geb. Struve (1841–1921), kamen aus produktiven Häusern, der Vater gehörte zur Melchers-Familie, die als Import-Export-Fima besonders im China-Handel ihr Vermögen verdiente. Der Großvater mütterlicherseits hatte das künstliche Mineralwasser erfunden und verkehrte in Dresden mit Wissenschaftlern und Geschäftsleuten. In ihrem unter Pseudonym 1957 veröffentlichten Buch „Aus meiner Kinderzeit – Bremer Erinnerungen 1881–1891" beschrieb sie Jahrzehnte später als alte Frau ihr Leben aus Müßiggang, unterbrochen vom Schulunterricht an einer Höheren Töchterschule, Reitstunden, Freimarktbesuchen, Schlittschuhfahrten und Kirchgängen. Ihre Jugend bis zur Verheiratung mit Gustav Pauli 1896 in Dresden verbrachte sie mit Reisen, Ballbesuchen und anderen standesgemäßen Beschäftigungen. Seit 1899 wieder zurück in Bremen – Gustav war zum Direktor der Kunsthalle ernannt worden – fand sie im Freundeskreis „Goldene Wolke“ erneut gesellige kulturelle Unterhaltung in Form von Leseabenden, Theater- und Konzertbesuchen, Bällen und Ausstellungen mit ihresgleichen.

Diese Lebensbeschreibungen mögen uns heute befremden, doch sie geben ein anschauliches Bild des Bremer Großbürgertums, das durch sein kaufmännisches Agieren die Stadt reich und daneben durch die üppigen Finanzmittel aus der Kaufmannstadt auch eine Kulturstadt machte. Gerade die Bremer Kunsthalle profitiert noch heute vom großzügigen Mäzenatentum der damaligen Zeit.

Die Kunstbegeisterung der Bremerin zeigt sich auch in einem der „lebenden Bilder“, die 1904 bei einem Fest in der „Union“ auf Anregung von Gustav Pauli präsentiert wurden und an denen sich auch Magdalene beteiligte. Das anrührende Mutter-Kind-Foto dieser Aktion zeigt eine perfekt nachgestellte Inszenierung des Ölgemäldes „Die Künstlerin und ihre Tochter“ von Elisabeth Vigeé-Lebrun aus dem Jahr 1789. Magdalene hat sich exakt wie ihr Vorbild griechisch antik in einen leichten weißen Stoff gekleidet, mit einem Band im Lockenkopf und einer Schärpe um die Taille. Das Mädchen, das aber nicht Magdalenes Tochter ist, trägt ebenfalls ein der Vorlage entsprechendes kurzärmeliges Kleid. Gemälde und Foto strahlen wie das Vorbild Zärtlichkeit, Zuneigung und innige, glückliche Mutter-Kind-Liebe aus. Es überrascht, dass Magdalene Pauli das Selbstbildnis Vigeé-Lebruns kannte, und belegt zugleich ihr Kunstverständnis und ihren Bildungsstand.

Die hier dargestellte Idylle ist jedoch trügerisch. Magdalene Pauli musste viele persönliche Katastrophen verkraften. Sie verlor alle vier Kinder: Die erste Tochter starb schon bei der Geburt 1898. Zwei Kinder nahmen sich selbst das Leben und der Jüngste, Carl Theodor, kam um, als sein Flugzeug 1944 abgeschossen wurde. Er ist höchstwahrscheinlich gar nicht im Familiengrab beigesetzt. In die Grabplatte unter Liselottes Namen ließen die Eltern ein Dante-

Zitat eingravieren: „So hob ich mich verjüngt dem Baume gleich, der sich aus jungen Kernen mit frischem Laub dem Lichte entgegen ringt, rein und bereit zum Fluge nach den Sternen“. Unter Alfreds Namen steht: „Herr, dein Wille geschehe.“ Gut drei Monate nach dessen Tod verstarb auch Magdas Ehemann Gustav Pauli. Als Carl Theodor auch noch ums Leben kam, blieb nur der Trost: „Die Liebe ist stark wie der Tod“.

Die Erinnerung an Magdalene Pauli halten seit 1995 auch das jährlich in Knoops Park stattfindende Open-Air-Gartenfest sowie ein naturnah gestaltetes Denkmal von Claus Homfeld unterhalb der Villa Lesmona wach. Der Kunstverein in Bremen übernahm im Sommer 2023 anlässlich des 85. Todestages von Gustav Pauli die Sanierung der Anlage, da ansonsten das Grab wegen fehlender Nachkommen aufgelöst worden wäre. Im Rahmen einer Patenschaft wird sich der Kunstverein auch künftig um die Pflege kümmern.

V 282

Elisabeth Noltenius

24.1.1888 in Bremen – 22.2.1964 in Bremen

An die Bremer Kunstmalerin Elisabeth Noltenius erinnert ein eindrucksvolles, aus drei Steinen bestehendes Monument, das von einem dichten Efeumantel umwachsen ist: die Grabstätte der Familie Dr. Eberhard Noltenius. Eine Grabeinfassung existiert nicht mehr. Auf dem mittleren, größten Stein sind die Eltern Dr. jur. Eberhard Noltenius (1847–1919) und Sophie, geb. Schwab (1860–1943), genannt, links stehen deren Söhne, rechts die Töchter.

Elisabeth Noltenius stammte aus einer sehr religiösen Familie, deren Familienmotto „Bei dir ist die Quelle des Lebens und in deinem Lichte sehen wir das Licht“ den großen Grabstein der Eltern ziert. Allerdings musste Elisabeth bereits früh mehrere Schicksalsschläge verkraften: Ihre beiden Brüder Hans und Walter starben als Soldaten 1915 und 1917 im Ersten Weltkrieg in Galizien bzw. in Frankreich. Ihr Grabstein erinnert daher zwar mit den Zitaten „Der Tod ist verschlungen in den Sieg“ und „Wer den Willen Gottes tut, bleibet in Ewigkeit“ an die Verluste, die beiden sind hier jedoch nicht beigesetzt. Und auch ihre Schwester Margarethe starb 1915 nach einer Typhusinfektion während ihres Einsatzes als Lazarettpflegerin. Ihr wurde der Bibelspruch „Ich will dich segnen und du sollst ein Segen sein“ zugeordnet. Kurz nach Kriegsende starb dann 1919 auch ihr Vater, im selben Jahr wurde ihr Verlobter als Geisel während der Münchener Räterepublik erschossen.

Um diese schweren Schicksalsschläge zu verkraften, konzentrierte sich Elisabeth Noltenius auf ihre künstlerische Arbeit. Sie hatte bereits beim Worpsweder Künstler Hans am Ende die Radiertechnik erlernt und ab 1911 in München die Ausbildung zur Zeichenlehrerin an der sogenannten Damenakademie absolviert. Nach dem Krieg eröffnete sie ihr eigenes Atelier in Bremen in der Gerhardstraße 11 in der Bahnhofsvorstadt und unternahm Reisen nach Italien, Spanien, Ungarn und Norwegen. Sie studierte in Berlin und Paris und setzte sich mit den Kunstströmungen ihrer Zeit auseinander. Sie erlangte als Porträtistin deutschlandweit einen guten Ruf, doch ihre eigentliche Leidenschaft blieben die Landschaften. Ab 1921 beteiligte sie sich fast jährlich an Ausstellungen in der Bremer Kunsthalle, in der Böttcherstraße, im Graphischen Kabinett und sogar im Münchener Glaspalast. Elisabeth erhielt Lob und Anerkennung – und konnte für ihren und den Unterhalt ihrer Mutter aufkommen.

Während des Nationalsozialismus präsentierte lediglich das Graphische Kabinett im Rahmen ihrer GEDOK-Ausstellungen 1933 und zum letzten Mal 1936 Werke von Elisabeth Noltenius. Vermutlich war sie kein Mitglied der NS-Reichskulturkammer[1]. Die Ablehnung des Systems spiegelt sich auch in ihrer Unterstützung der Schwestern Dora und Henriette Bromberger[2] wider. Trotz ihrer Interventionen konnte sie die Deportation nach Minsk und die Ermordung der beiden nicht verhindern. Wie Elisabeth Noltenius diese Zeit finanziell überstand, wissen wir nicht. Wahrscheinlich halfen ihr private Aufträge. Nach dem Totalverlust ihres Ateliers in der Buchtstraße 16 durch einen Bombenangriff 1944 dauerte es noch fünf Jahre, bis sie in Meyenburg bei Schwanewede endlich wieder ein eigenes Atelier einrichten und ihre künstlerische Arbeit wieder aufnehmen konnte.

Zum 60., 70., 90. und 125. Geburtstag bzw. zum 50. Todestag würdigten das Graphische Kabinett, die Kunsthalle Bremen, die Worpsweder Galerie Cohrs-Zirus und das Overbeck-Museum in Vegesack das künstlerische Werk der Malerin.

Ihren eigenen Grabspruch hat sich Elisabeth womöglich selbst ausgesucht. Es sind die zuversichtlichen Worte Hiobs „Ich weiss, dass mein Erlöser lebt."

1 Dachorganisation mit mehreren Sektionen aller Kulturschaffenden mit Zwangsmitgliedschaft. Wer nicht Mitglied war, durfte u. a. nicht mehr ausstellen. Gegründet von Goebbels bereits 1933, verschärft 1936 durch das Verbot Moderner Kunst.

2 Dora Bromberger war Malerin, ihre Schwester Henriette Bromberger Pianistin.

Y 323

Dr. Dr. Hannelore Cyrus geb. Müller

7. 2. 1935 in Bremen – 28. 4. 2020 in Frankfurt

Das Grab von Hannelore Cyrus ist nicht leicht zu finden. Ein großer, aufrecht stehender Stein mit zwei rechtwinkeligen Aussparungen an der Oberkante ist als Grab der Familie Strohecker gekennzeichnet, deshalb übersieht man schnell die vergleichsweise kleine Bodenplatte mit Hannelore Cyrus' Namen und dem ihrer Ehefrau Hendrikje Strohecker-Cyrus (1945–2019). Dabei hat Hannelore Cyrus einen festen Platz im Gedächtnis der Bremer Frauen, gilt sie doch als eine herausragende Feministin und Mitgründerin des Vereins belladonna.

Hannelore ahnte in ihrer Jugend nicht, welche einmalige akademische Karriere sie durchlaufen würde. Nach der Mittleren Reife und einer Ausbildung an der Handelsschule arbeitete sie zunächst als Bürokauffrau, später im Architektenbüro ihres Mannes Horst Maximilian Cyrus. 1964 kam Sohn Oliver zur Welt. Auch ohne Abitur war damals an der Bremer Hochschule für Sozialpädagogik und Sozialökonomie ein dreijähriges Studium möglich, Hannelore Cyrus ergriff die Chance und schloss es 1976 ab. Es folgte der Sprung an die Bremer Uni, wo sie 1980 ihr zweites sozialpädagogisches Studium abschloss und gleich zwei Prädikats-Dissertationen[1] vorlegte. Sie arbeitete 20 Jahre lang bis zum Jahr 2000 als Lehrbeauftragte und wissenschaftliche Mitarbeiterin an der Uni Bremen sowie im Wissenschaftsfunk von Radio Bremen.

An der Universität Bremen lernte Hannelore Cyrus andere feministisch engagierte Frauen kennen, mit denen sie im Mai 1986 den Verein „belladonna – Kultur-, Kommunikations- und Bildungszentrum e. V." gründete. Ein knappes Jahr später kauften Privatfrauen als Käuferinnengemeinschaft (KG) ein großes Bremer Haus in der Sonnenstraße 8. Die KG vermietet bis heute zu günstigen Bedingungen den Großteil des Hauses an belladonna.

Seit Januar 1988 wurden unzählige Veranstaltungen, hauptsächlich für Frauen, angeboten. 1990 organisierte Hannelore Cyrus die feministische Geschichtswerkstatt, in der mehrere Frauen, unter ihnen Elisabeth Hannover-Drück[2], das im Oktober 1991 im Eigenverlag von belladonna erschienene Lexikon „Bremer Frauen von A bis Z" mit 206 Biografien erarbeiteten und herausgaben. Hannelore Cyrus verfasste das Vorwort und schrieb 59 Artikel. Sie forschte, publizierte und referierte zur Bremer Frauengeschichte, zu bedeutenden Bremerinnen sowie zu Künstlerpaaren und Künstlerinnen. Sie

1 Über „Laienhelfer im Strafvollzug" und „Methodologie feministischer Forschung".
2 Siehe hierzu auch Elisabeth Hannover-Drück, Seite 91.

suchte und sammelte Gemälde von Worpsweder Künstlerinnen und präsentierte deren Werke in Ausstellungen. Damit machte sie das Werk mancher bis dahin unterschätzter oder vergessener „Worpswederin" bekannt.

Beim Tennisspielen lernte Hannelore Cyrus 1989 Hendrikje Strohecker kennen und verliebte sich in sie. Sie trennte sich nach 33 Ehejahren von ihrem Mann. Ihrem feministischen Verständnis entsprechend lebten die beiden Frauen zuerst in eingetragener Partnerschaft und heirateten 2017, gleich nachdem das Gesetz zur Ehe für gleichgeschlechtliche Paare verabschiedet wurde[3].

Trotz ihrer bereits 2011 diagnostizierten Parkinson-Erkrankung blieb Hannelore Cyrus bis ins hohe Alter aktiv und unternehmungsfreudig, Neuem gegenüber stets aufgeschlossen. Zusammen mit Hendrikje reiste sie quer durch die Welt, insbesondere besuchte das Paar häufig die USA und liebte es, in den Bergen Europas zu wandern. Mit 70 Jahren lernte Hannelore Cyrus noch Klavierspielen und sorgte diszipliniert für die eigene Fitness. An der Auszeichnung von belladonna am Weltfrauentag 2019 zur „Bremer Institution des Jahres 2019" konnte sie jedoch nicht mehr teilnehmen.

Der plötzliche Unfalltod Hendrikjes im August 2019 durch einen Sturz mit dem Rennrad war eine große Tragödie. Oliver Cyrus und seine Frau Stefanie überredeten die inzwischen 84-jährige Hannelore zum Umzug nach Frankfurt, wo sie in ihren letzten Lebensmonaten liebevoll umsorgt wurde und sich an ihren beiden Enkeln erfreute. In ihrem Lebensbericht hielt Hannelore Cyrus glücklich fest, dass sie „alles richtig gemacht habe"[4].

3 Am 1.10.2017 trat das Eheöffnungsgesetz in Kraft, das Personen gleichen Geschlechts die Eheschließung gestattet.

4 Cyrus, S. 18.

F 164

Helene Franzisca Kaisen geb. Schweida

11.5.1889 in Braunschweig – 5.9.1973 in Bremen

Ingeborg Menze geb. Kaisen

6.1.1930 in Bremen – 23.3.1991 in Bremen

Ilse Kaisen

4.10.1923 in Bremen – 5.12.2013 in Bremen

Der hellgraue Granitstein wurde nach dem Tod von Ilse Kaisen, der Tochter von Wilhelm und Helene Kaisen, wie von ihr verfügt, von der „Wilhelm und Helene Kaisen-Stiftung" renoviert und zu seiner jetzigen Form als Familiengrabstein gestaltet. In dem Grab sind die Eltern Helene Kaisens und ihr Ehemann Bürgermeister Wilhelm Kaisen sowie ihre drei Kinder Franz, Ilse und Ingeborg beigesetzt. So wie im Leben ist die Familie hier auch im Tod wieder vereint. Der älteste Sohn Niels (1919–1942) war auf der Krim gefallen. Irritierend ist, dass die drei Kaisen-Kinder nach ihren Geburtsjahren 1922, 1923 und 1930 chronologisch untereinander genannt werden und nicht, wie sonst üblich, nach den Todesjahren. Die Schlichtheit von Grab und Grabstein spiegelt die Bescheidenheit dieser Menschen wider, die kräftige schwarze Schrift symbolisiert ihre Stärke.

Helene wurde in ihrer Familie früh sozialdemokratisch sozialisiert. Ihre Mutter Marcianna Sobczyk (1862–1911) stammte aus einem Ort östlich von Posen und lernte Anton Schweida (1865–1938) kennen, als sie als saisonale Spargelstecherin in der Nähe von Braunschweig arbeitete. Dreieinhalb Monate nach Helenes Geburt heirateten die Eltern. Auf dem Grabstein ist der Vorname der Mutter fälschlicherweise mit Helene angegeben, ihre Lebensdaten fehlen.

Anton Schweida wurde 1890 als „eifriger Agitator der sozialdemokratischen Partei"[1] aus Braunschweig ausgewiesen und zog mit seiner kleinen Familie in die Bremer Neustadt, in einer sozialdemokratischen Buchhandlung fand er Arbeit. Helene besuchte die Volksschule am Geschwornenweg, absolvierte anschließend eine kaufmännische Lehre und arbeitete in einer Anwaltskanzlei sowie bei der Norddeutschen Hütte. Seit 1908 war sie Mitglied in der SPD, seit 1912 Beisitzerin im Vorstand und in der Kinderschutzkommission. Als eine der Bremer Delegierten nahm sie 1913 am SPD-Parteitag in Jena teil und lernte während ihres Besuchs der SPD-Parteischule von 1913 bis 1914 in Berlin den Hamburger Stuckateur Wilhelm Kaisen (1887–1979) kennen. 1916 heiratete das Paar. Helene wohnte weiterhin in Bremen bei ihrem Vater in der Münchenerstraße 51, Wilhelm Kaisen musste zurück in den Krieg. Helene gebar zwei Söhne und zwei Töchter und verfolgte zugunsten der Familie keine eigene berufliche Karriere, Wilhelm hingegen wurde 1920 Abgeordneter und 1928 Senator. Ehrenamtlich trat Helene Kaisen als Rednerin bei Wahlkämpfen auf und blieb in der SPD-Frauengruppe aktiv. Zum Jahresende 1929 zog die Familie mit Vater Schweida in ihr neu errichtetes Haus in der Tübinger Straße 7.

Mit dem Machtantritt der Nationalsozialisten im März 1933 begannen die härtesten Jahre im Leben Helene Kaisens. Auf einer öden, feuchten Brache in Borgfeld übernahmen die Eheleute mit

1 Müller, S. 7.

Unterstützung durch die beiden Väter – Schweida war Tischler, Kaisen war Maurer – eine Siedlerstelle und kultivierten das Land. Die unvorstellbare körperliche Anstrengung mit allen nur möglichen Unwägbarkeiten hat Tochter Ilse in ihren Erinnerungen „Unser Leben in Borgfeld" beschrieben. Selbst als Wilhelm Kaisen bald nach Kriegsende von der US-Militärregierung als Senator für Wohlfahrt berufen und am 1. August 1945 zum Präsidenten des Senats ernannt wurde, blieb die Familie in Borgfeld. Nun kamen neue Herausforderungen auf Helene Kaisen zu – zusätzlich zur bäuerlichen Landarbeit: Als Frau des Bürgermeisters wurde sie die Anlaufstelle für unzählige Hilfesuchende, die sich bei ihr Rat und praktische Unterstützung erbaten. Sie übernahm selbstlos die Rolle der Vermittlerin zum Bürgermeister. Dieser Einsatz trug ganz wesentlich zur Popularität Kaisens bei. Dabei blieb sie immer dessen kritische Partnerin, die ihm privat ebenso zur Seite stand wie bei offiziellen Anlässen.

Seit 1945 engagierte sich Helene Kaisen zusätzlich ehrenamtlich bei der Arbeiterwohlfahrt (AWO) und 1946 bei der Gründung des Bremer Frauenausschusses (heute Landesfrauenrat Bremen). Als Vorsitzende des Trägervereins „Nachbarschaftshaus Bremen e. V." arbeitete sie für den Aufbau des ersten Bürgerhauses in Bremen, des heute nach ihr benannten Nachbarschaftshauses „Helene Kaisen" im Ortsteil Ohlenhof in Gröpelingen.

Die Deutsche Gesellschaft zur Rettung Schiffbrüchiger gab 1978 dem Beiboot des Rettungskreuzers „Wilhelm Kaisen" den Namen „Helene". 1979 wurde ein Kinderheim in Bremerhaven nach Helene Kaisen benannt, ein Jahr später ein Weg in der Bremer Neustadt und 2018 die neue Grundschule auf dem Kaisen-Campus im Stadtteil Huckelriede.

Ingeborg Menze, die jüngere Kaisen-Tochter, war auch eine politische Frau. Wie ihre Mutter engagierte sie sich in der AWO und beim Bremer Frauenausschuss, aber auch in der Arbeitsgemeinschaft Sozialdemokratischer Frauen und im Vorstand der Bremer Volkshilfe (heute Wilhelm Kaisen Bürgerhilfe). Als sogenannte Sachkundige Bürgerin arbeitete sie in der Deputation Ernährung, Landwirtschaft und Verbraucherfragen und war mehr als zehn Jahre Vorsitzende des SPD-Ortsvereins Borgfeld. Als junges Mädchen wurde sie von ihrer Mutter in der Borgfelder Landwirtschaft ausgebildet, absolvierte eine Lehre als Industriekauffrau bei einer Bremer Firma, gab aber ihre Berufstätigkeit zugunsten der Familie bald wieder auf.

Mit ihrem Mann, mit dem sie seit 1955 verheiratet war, baute sie 1965 mit ihrem elterlichen Erbteil in der Nähe der Kaisen-Wirtschaft ein Haus und bekochte täglich eine große Familie – Schwiegervater, Schwägerin, Eltern und Geschwister. Sie selbst blieb kinderlos und starb mit nur 61 Jahren an Krebs. Das ursprüngliche Grab von Ingeborg Menze und ihrem Mann Gerhard existiert nicht mehr. Ihre Urnen wurden beide ins Familiengrab umgebettet, doch lediglich ihr Name wurde bei der Neugestaltung des Steins eingraviert. Im Neubaugebiet in Bremen-Borgfeld trägt seit 2021 ein Weg ihren Namen.

Ilse Kaisen hatte wie ihre Schwester eine kaufmännische Lehre absolviert. Nach dem Krieg leitete sie im Harz ein Erholungsheim der Bremer Stadtwerke, seit Mitte der 1950er-Jahre lebte sie wieder in Bremen-Borgfeld bei den Eltern, wo auch sie sich neben der häuslichen Arbeit ehrenamtlich in der AWO engagierte und ihre Mutter unterstützte. Nach deren Tod begleitete Ilse ihren Vater bei offiziellen Anlässen. Mit ihrem Bruder Franz betrieb sie auch nach dem Tod des Vaters 1979 die Wirtschaft weiter und lebte schließlich noch lange Jahre allein in dem Borgfelder Haus. Sie blieb unverheiratet und kinderlos.

Dass das ehemalige Kaisen-Wohnhaus und die Scheune sowie all die vielen Dokumente und Einrichtungsgegenstände der Nachwelt erhalten blieben, ist maßgeblich Ilse Kaisen zu verdanken:

Sie initiierte 1995 mit ihrem bereits schwerkranken Bruder Franz (1922–1998) die „Wilhelm und Helene Kaisen-Stiftung“. Die Dokumentationsstätte kann seit 2001 besucht werden, seit dem Frühjahr 2023 steht das gesamte Ensemble unter Denkmalschutz. Die Stiftung errichtete bereits 1997 auf dem Borgfelder Grundstück das „Kaisen-Stift“, eine Einrichtung für körperlich und geistig beeinträchtigte Jugendliche. Am 22. Mai 2012, dem 125. Geburtstag ihres Vaters, nahm Ilse Kaisen noch beglückt an der Enthüllung des Wilhelm-Kaisen-Denkmals am Herdentor teil.

Auf dem Gelände der neuen Anlage „Stadtleben Ellener Hof“ in Bremen-Osterholz erinnert seit dem 6. März 2023 durch Senatsbeschluss vom April 2020 die Ilse-Kaisen-Straße an die ehemalige Bewohnerin, die dort ihre letzten Lebensjahre verbrachte.

S 60

Ottilie Franziska Hoffmann

14.7.1835 in Bremen – 20.12.1925 in Bremen

Das Grab von Ottilie Hoffmann liegt einige Schritte abseits des Weges leicht versteckt hinter einem Baum. Dort sind noch Marie Meyer[1] und Emily Freiin von Hausen[2] beigesetzt. Beide wirkten als Mitstreiterinnen Ottilies. In den Grabstein eingelassen ist ein als Bronzerelief sehr naturnah gestaltetes Porträt.

1 Über sie konnten leider keine Informationen gefunden werden.

2 1906 Vorsitzende der Dresdner Ortsgruppe des Deutschen Bundes abstinenter Frauen.

Ottilie Hoffmann zählt heute noch zu den bedeutendsten Frauen Bremens, die auch über ihre Heimatstadt hinaus bekannt wurden. Das älteste Kind des Getreidekaufmanns Ludwig Otto Hoffmann (†1870) und seiner Frau Franziska, geb. Horn (†1871), erhielt durch die religiösen, geistig aufgeschlossenen und kulturell gebildeten Eltern die bestmöglichen Voraussetzungen für ihr späteres Leben als Lehrerin und Sozialreformerin. Nach ihrer Schulzeit bei Sophie Lasius, die als Nachfolgerin von Betty Gleim deren Höhere Töchterschule im Sinne Pestalozzis leitete, verbrachte Ottilie als 16-Jährige vorerst einige Zeit bei Verwandten in England, wo sie Hausfrauenarbeit erlernen sollte. Zurück in Bremen begann sie, sich autodidaktisch auf die Tätigkeit als Privatlehrerin vorzubereiten, und startete laut ihres Tagebucheintrags am 7. Oktober 1851 in ihr Berufsleben, vorerst ein Jahr lang in Bremen und anschließend von 1852 bis 1857 wieder in England. „Ich stehe jetzt selbständig da. Nun kann ich selbst sehen, was mein wahres Inneres war, ob der Wunsch zu nützen groß genug ist, die Schwierigkeiten und gewissermaßen die Einförmigkeit dieses Lebens zu erleichtern.“[3] Mit 22 Jahren kehrte sie zurück nach Bremen, um die Versorgung ihrer kränkelnden Eltern zu übernehmen. Hier unterrichtete sie auch weiterhin privat die Fächer Englisch, Geschichte, Kunstgeschichte und Musik: „Meine Stunden sind mir so lieb.“[4]

Zur Frauenbewegung nahm sie 1865 Kontakt auf und lernte so Luise Otto-Peters kennen, die 1865 in Leipzig den „Allgemeinen Deutschen Frauenverein“ ins Leben gerufen hatte. 1867 gründete Ottilie Hoffmann zusammen mit der Bremer Schriftstellerin und ehemaligen Revolutionärin Marie Mindermann den „Verein zur Erweiterung des weiblichen Arbeitsgebietes“, später umbenannt in

3 Eckler von Gleich: „Komm …“, S. 11, 12.

4 Ebd. S. 13.

„Frauen- Erwerbs- und Ausbildungsverein“[5]. Ihr Ziel war es, dass Mädchen dieselben Ausbildungs- und Berufschancen erhalten sollten wie deren Brüder. Ottilie Hoffmann war überzeugt, dass Bildung und Ausbildung zur politischen und rechtlichen Anerkennung der Frau führen würden.

Seit 1881 lebte und unterrichtete Ottilie Hoffmann wieder in England, wo sie durch ihre Arbeitgeberin Lady Carlisle[6] mit der Mäßigkeitsbewegung bekannt wurde und sich 1882 zur Totalabstinenz verpflichtete. 1890 kehrte sie erneut nach Bremen zurück und begann ihren Kampf gegen den weit verbreiteten Alkoholismus und dessen katastrophale Konsequenzen. International bereits vernetzt, wurde sie Vertrauensfrau des „Weltbundes Christlich abstinenter Frauen“ und damit die erste deutsche Frau, die dem Verband angehörte. Gerade in Arbeiterkreisen fand sie Unterstützerinnen und gründete 1891 den „Bremer Mäßigkeitsverein“. Am 17. Juni 1890 gründete sie den „Deutschen Bund abstinenter Frauen“, der später in „Deutscher Frauenbund für alkoholfreie Kultur“ umbenannt wurde und heute noch existiert. Er war der erste seiner Art in Deutschland und wurde Vorbild für weitere Sektionen im ganzen Kaiserreich. 1912 arbeiteten vierzig Ortssektionen: Die Schaffung einer neuen Trinkkultur, Aufklärung über und Vorbeugung von Alkoholmissbrauch sowie Einflussnahme auf die Gesetzgebung gehörten zum Programm. Ottilie Hoffmann nahm an Kongressen und Frauentreffen teil, trat als begehrte Rednerin auf und unterstützte die Gründung weiterer Vereine. Ganz praktisch stellten die beiden Bremer Vereine dreizehn unterschiedlich große Einrichtungen zur Verfügung, vom Milchhäuschen bis zum Speisehaus, in denen einfaches und preiswertes Essen ohne alkoholische Geträn-

5 Siehe hierzu auch Sara Agnes Heineken, S. 62.

6 Rosalind Frances Howard, Lady Carlisle (1845–1921): brit. Frauenrechtlerin, Politikerin, Präsidentin der British Women’s Temperance Association und Präsidentin der World’s Women’s Christian Temperance Association.

ke angeboten wurde. 1910 eröffnete eigens für berufstätige Frauen und Mädchen das Speisehaus „Zur Weißen Schleife“, dem Logo des Frauenbundes. Die alkoholfreien Speisehäuser etablierten sich und fanden schnell Nachahmung in anderen Städten. Besonders nach den beiden Weltkriegen leisteten die „Ottilie Hoffmann-Häuser“, wie man sie nun nannte, bedeutende Beiträge zur Versorgung der notleidenden Bevölkerungen. Dort konnten sich die arbeitslosen Männer aufhalten, durch eine Art Jobbörse eine Beschäftigung finden und vor allem Kontakte pflegen. Bis in die 1980er-Jahre existierten die Häuser in Bremen, heute ist nur noch das „Ambiente“ am Osterdeich erhalten, alle anderen Gebäude wurden abgerissen.

Schon zu Lebzeiten galt Ottilie Hoffman als groß und stark an Geist und Gestalt. Neben mehreren Fotos gibt es ein Ölgemälde von ihr. Allein die Tatsache, dass sie selbst zum Porträtisten ging und sich in Öl malen ließ, ist Beleg für ihr Selbstbewusstsein, Großes zum Wohle der Gesellschaft leisten zu wollen und geleistet zu haben. Das Bild kann im Focke-Museum betrachtet werden. Der Frauenbund stiftete 1985 die große Bronzeskulptur „Begegnung“ von Jürgen Cominotto, die auf dem heutigen Ulrichsplatz am Ostertorsteinweg aufgestellt wurde. Bereits seit 1945 ist eine Straße in Schwachhausen nach Ottilie Hoffmann benannt.

H 148

Dr. Verena Rodewald

5.8.1866 in Bremen – 4.12.1937 in Bremen

Das Grab von Verena Rodewald, in dem auch ihre Eltern beigesetzt waren, ist nicht mehr erhalten. Es befand sich jedoch an prominenter Stelle: neben dem Grabmal der Familie von Post.

Dass wir persönliche Informationen über Verena besitzen, verdanken wir Thilde (Mathilde) Lemke, die auf der gegenüberliegenden Seite im repräsentativen Familiengrab des Bruders von Verena, Hermann Emil Otto Rodewald (1869–1945), beigesetzt wurde. Sie war eine Verwandte von Hermanns zweiter Frau Aenni (1877–1958). Über sie blieb auch das einzige Foto von Verena Rodewald erhalten. Es zeigt eine klug aussehende 13-Jährige, die mit einem Buch in der Hand neben einem geschnitzten Schreibtisch steht.

Verena stammte aus der vermögenden und intellektuellen Kaufmannsfamilie Rodewald und war mütterlicherseits mit der Gildemeister-Familie verwandt. Ihre Eltern Hermann Georg (1814–1891) und Marie Christine Verena, geb. Gildemeister (1840–1914), erkannten offenbar die Intelligenz der Tochter und ermöglichten ihr einen Bildungsweg, der in der zweiten Hälfte des 19. Jahrhunderts nur wenigen Frauen offenstand. Nach zehn Jahren „Elementarbildung" von 1872 bis 1882 bei Meta Müller besuchte sie die Höhere Mädchenschule von Helene Laweg, an der besonderes Augenmerk auf Äußeres und gute Manieren der wohlgesitteten Mädchen gelegt wurde, und von 1897 bis 1899 in Berlin die Gymnasialkurse für Frauen, die sie auf das Abitur vorbereiteten. Zwei Bremer Gymnasialprofessoren unterrichteten sie privat weiter, sodass die inzwischen 35-Jährige 1901 als Externe am Alten Gymnasium die Reifeprüfung bestand.

Verenas Bildungshunger führte sie von Kiel nach Heidelberg, wo sie Geschichte, Anglistik und Philosophie studieren durfte. Mit 42 Jahren legte sie 1908 ihre 200-seitige Doktorarbeit zur Technik des Dramas des 16. Jahrhunderts vor. Dies ist besonders bemerkenswert, weil Frauen erst ab 1908 bzw. 1909 an allen deutschen Universitäten regulär studieren durften, in wenigen Bundesstaaten etwas früher. Heidelberg und Göttingen nahmen bereits seit 1893 Frauen auf.[1] Soweit bekannt ist, war Verena Rodewald die erste promovierte Frau in Bremen. Ihre Dissertation wird vom Verlag Kessinger Publishing als „kulturell bedeutend“ eingestuft und seit 2010 als Faksimile aufgelegt und verkauft.

Zurück in Bremen ergriff die Akademikerin keinen Beruf – sie hätte als Lehrerin arbeiten können – sondern gründete 1910 den Frauenstadtbund Bremen, die Dachorganisation von damals acht Frauenvereinen, zur „Förderung des weiblichen Geschlechts in wirtschaftlicher, sozialer, rechtlicher und geistiger Hinsicht und dadurch die Förderung des Allgemeinwohls“[2]. Während ihrer Zeit als Vorsitzende (bis 1925) stieg die Anzahl auf 23 Vereine im Jahr 1917. Schließlich wuchs der Frauenstadtbund 1929 auf 43 Vereine mit über 600 organisierten Frauen an. In ihrer Funktion formulierte Verena Rodewald etliche Petitionen an den Bremer Senat und bat beispielsweise darum, Frauen zu den Beratungen über die Reform des bremischen Mädchenschulwesens zuzulassen.

Verena Rodewald brachte die besten Voraussetzungen für ihre ehrenamtliche frauenpolitische Arbeit mit. Sie war weitblickend, gebildet und klug und hatte vor allem Zeit. Das Erbe ihrer Familie garantierte ihr trotz aller Bescheidenheit das nötige Auskommen und sie war als unverheiratete, kinderlose Frau ganz unabhängig. Dennoch blieb sie stets eine Bittstellerin, die mit ihren hartnäckigen Petitionen kaum Erfolg hatte.

Mit der Einführung des Frauenstimmrechts im November 1918 zog Verena Rodewald am 9. März 1919 für die Deutsche Volkspartei DVP als eine der ersten weiblichen Abgeordneten in die Bremische Nationalversammlung (später Bürgerschaft) ein. Als Frauenrechtlerin durchschaute sie kühl die Motive ihrer und anderer Parteien, Frauen auf ihre Kandidatenlisten zu setzen. Es wäre „nicht das Ge-

1 Siehe hierzu auch Sara Agnes Heineken, S. 62.

2 Holzner-Rabe, Frauen ins Parlament, S. 222.

fühl der Gerechtigkeit, sondern die Hoffnung auf Stimmenfang"[3], konstatierte sie während eines Vortrags. In über 36 Redebeiträgen, die sie in der Bürgerschaft hielt, nahm sie vielseitig Stellung zu Gesundheitsfragen, zur Finanzierung der Stadtbibliothek, des Theaters und der Oper, zur Wohlfahrt sowie zu Fragen der Mädchen- und Frauenbildung. Dabei warnte sie immer wieder vor einseitiger Rollenfixierung, besonders als 1920 in der Bremischen Bürgerschaft die Einführung eines hauswirtschaftlichen Pflichtfortbildungsschuljahres debattiert und auch beschlossen wurde. Sie wusste, dass nicht alle Mädchen später Ehefrauen und Mütter werden würden, sondern eigenes Geld durch Berufsarbeit verdienen müssten und wollten. Ihr selbst lag „das Hauswirtschaftliche nicht"[4], erinnerte sich ein Verwandter.

Mit dem Machtantritt der Nationalsozialisten und der Auflösung der Bürgerschaft 1933 musste sich Verena Rodewald nach 14 Jahren parlamentarischer Arbeit aus der Öffentlichkeit zurückziehen. In ihrer Todesanzeige steht kein Wort über ihr politisches Leben und ihren engagierten Einsatz für Mädchen- und Frauenrechte.

3 Holzner-Rabe, Frauen ins Parlament, S. 232.

4 Dies. S. 235.

H 110–128

Margarethe von Post

5. 2. 1838 in Bremen – 31. 10. 1913 in Bremen

Ein eindrucksvoller riesiger Sarkophag, geschmückt mit feinen Blattreliefs und dem Familienwappen, ist die letzte Ruhestätte von Margarethe von Post. Er steht auf einem mächtigen Sockelpodest, dessen Inschrift keine einzelnen Namen der Familie ausweist.

Margarethe von Post blieb ledig und, wie auch ihre fünf älteren Brüder, kinderlos; ein Bruder war zwar verheiratet, aber ebenfalls ohne Nachkommen, wodurch mit ihr dieser Zweig der Familie von Post ausstarb. Offenbar hielt sie als Alleinerbin den Familiennachlass, der sich auf den Dachböden des Guts stapelte, deswegen für nicht besonders erhaltenswert. Kurz vor ihrem Tod verbrannte sie in einem großen Feuer sämtliche Dokumente, ein herber Verlust für die lokale historische Forschung. Der Gründer des später nach ihm benannten Focke-Museums, Johann Focke, beklagte entsprechend, dass „eine Riesenmenge von alten Urkunden, Hausbriefen, Akten, Dokumenten, Familienpapieren [...] Briefen, Büchern, Bildern und Hausgeräten"[1] vernichtet wurde. Ihr detailliertes, seit 1897 sechsmal ergänztes Testament hingegen liefert Informationen über ihren Besitz, ihr nahestehende Personen und ihre soziale Einstellung. Der Hannoveraner Freundin Helene Pollin vermachte sie eine Geldsumme und das Stadthaus am Richtweg 8 inklusive des gesamten Inventars. Ihr Hofmeier (Verwalter), die Dienstboten und die Landarbeiter wurden großzügig bedacht und konnten so ihre Hypotheken ablösen.

Bereits im Februar 1914, gut drei Monate nach Margarethe von Posts Tod, waren ihrem letzten Willen entsprechend 48.000 Goldmark an karitative Organisationen ausgezahlt worden, unter anderem an den Bürgerparkverein, die Evangelische Diakonissenanstalt, den Verein für weibliche Krankenpflege, den Verein für Blinde, den Männer-Krankenverein, das Mädchen-Waisenhaus, den Verein zur Bekämpfung der Tuberkulose und die Stadtbremische Armenpflege. Der Erlös aus dem verkauften Gut Riensberg, dem angrenzenden Park und dem Ackerland ging in eine Stiftung über. „Diese Stiftung soll sein: ein Heim für mittellose oder wenig bemittelte gebildete Damen aus besseren Ständen, welche in Bre-

1 Domdey, S. 14, 15.

men geboren, oder längere Zeit [...] in Bremen gelebt haben. Dieselben sollen im Hause außer Wohn- und Schlafzimmer [...] einen gemeinschaftlichen Mittagstisch, etwas Bedienung und Feuerung haben [...]. Die Aufnahme kann für Lebenszeit oder für kürzere Zeit erfolgen. Ich wünsche, daß durch die Aufnahme wirklich Bedürftiger eine Wohltat erwiesen wird"[2]. Sie legte auch die Verwaltung der Stiftung fest, bremische Staatsangehörige sollten es sein. Das Familiengrab wird, entsprechend ihrer testamentarischen Verfügung, von der Stiftung gepflegt.

Mit dem Beginn des Ersten Weltkriegs wurde die Gründung des Heimes allerdings verschoben und durch die Inflation in den 1920er-Jahren reichten die Geldmittel nicht mehr aus. Doch 1930 eröffnete mit Unterstützung von anderen Bremer Stifter:innen, der Sparkasse Bremen und des Senats das Heim im Sinne von Margarethe von Post. Seit den 1950er-Jahren verwaltet die Bremer Heimstiftung das „Landhaus Horn". Das alte Haus Riensberg wurde bereits 1947 als Magazin und seit 1953 als Ausstellungsraum vom Focke-Museum genutzt. In diesem Haus lebte Margarethe von Post den Sommer über einfach und bescheiden in einem Eckzimmer im Erdgeschoß. Ihr Schlafzimmer hatte sie in der ersten Etage. Im 70 Quadratmeter großen Raum, der heute Ausstellungssaal ist, bewahrte sie die Gartenmöbel auf.

Grundkenntnisse über die Geschichte der Familie und deren Besitz verdanken wir dem ehemaligen Direktor des Historischen Museums und Denkmalpflegers Ernst Grohne. Das ehemalige Lehen des Bremer Erzbischofs aus dem 13. Jahrhundert gehörte seit dem 17. Jahrhundert der Ratsherrenfamilie Schöne. Einer der Besitzer baute das Bauernhaus 1768 zum Sommersitz mit angrenzenden Wirtschaftsgebäuden aus, das praktisch unverändert erhalten ist als „Haus Riensberg". Der Schwiegersohn Dr. Gerhard von

2 Dies. S. 18, 19.

Post erbte zusammen mit seiner Frau Gebecka Schöne den Besitz. Ihr Sohn Isaac (1794–1857) war der Vater von Margarethe von Post und verbesserte das Landgut zum Wohnsitz. Er pflanzte auch die Eichenallee von der Schwachhauser Heerstraße entlang der Riensberger Straße. 1871 verkauften die Mutter, die fünf Brüder und Margarethe von Post als Erben fast die Hälfte des Landbesitzes an die Stadt Bremen, die ein geeignetes Gelände für den neuen Friedhof suchte: 1875 wurde der Riensberger Friedhof eröffnet.

Sara Agnes Heineken

3.7.1872 in Bremen – 5.7.1954 in Bremen

Das Grab liegt von den Wegen abseits in der Wiesenfläche und ist durch die auffällige Oberkante des Steins mit dem mittigen rechtwinkeligen Einschnitt dennoch gut zu finden. Agnes Heineken wurde an der Seite ihrer Eltern, dem Wasserbauingenieur Friedrich Heineken (1835–1918) und der Emdener Kaufmannstochter Agneta, geb. Tholen (1844–1912), ihrer Tanten Elise Heineken und Johanna Tholen sowie ihres Bruders Hermann und der beiden Schwestern Johanna und Elisabeth beigesetzt.

Bei der Trauerfeier sagte Bürgermeister Wilhelm Kaisen: „Sie kämpfte für die Befreiung der Frau, und sie konnte daher nur auf der Seite der Freiheit stehen. [...] Das Vorbild, das Agnes Heineken [...] geliefert hat, ist da. Es wirksam zu machen und es den Kommenden zu erhalten, ist daher unsere Pflicht."[1] Kaisen würdigte mit diesen Worten eine große Pädagogin, Schulgründerin und Frauenrechtlerin, eine überzeugte Demokratin und eine der ersten weiblichen Abgeordneten in der Bremischen Bürgerschaft.

Agnes besuchte die Höhere Töchterschule mit angeschlossenem Lehrerinnenseminar von Ida Janson und unterrichtete dort bereits mit 18 Jahren die unteren und mittleren Klassen. Ehrgeizig und sicherlich auch durch das Vorbild ihrer Lehrerinnen Ida Janson und Mathilde Lammers angeregt, zog Agnes Heineken für zwei Jahre nach Paris und legte 1884 das Examen für den Französisch-Unterricht ab. Ihr Bildungshunger trieb sie weiter nach Göttingen, wo sie Deutsch, Geschichte, Philosophie und Englisch an der Universität studierte und anschließend als Oberlehrerin wieder bei Janson unterrichte, jetzt die höheren Klassen. Ihre Mutter hatte die Erlaubnis dafür beim Vater durchgesetzt. Göttingen und Heidelberg ermöglichten Frauen schon vor 1908 das Universitätsstudium. Erst in diesem Jahr wurden Mädchen aber generell zum Abitur zugelassen.

1 König, S. 216.

Am 12. Juni 1907 erschien Agnes Heinekens Sprechsaalartikel in den Bremer Nachrichten, in dem sie das Fehlen von staatlichen Höheren Mädchenschulen in Bremen beklagte. Zum 1. Oktober erhielt sie daraufhin die Kündigung von Gustav Janson, dem jüngeren Bruder Idas, der seit dem 2. Juli die Töchterschule leitete.

Agnes Heineken setzte ihre Lehrerinnentätigkeit für die nächsten elf Jahre an der Städtischen Höheren Mädchenschule in Vegesack fort, arbeitete als Vorstandsmitglied im Verein Bremische Lehrerinnen im Frauenstadtbund[2] mit und gehörte von 1909 bis 1912 als Zweite Vorsitzende dem Bremer Verein für Frauenstimmrecht an, dessen Sektionen sie in Vegesack und Bremerhaven gründete. Am 9. März 1919 zog sie selbst zusammen mit siebzehn anderen Frauen in die Bremische Nationalversammlung (später Bürgerschaft) ein und behielt ihr Mandat für die Deutsche Demokratische Partei DDP – mit kurzer Unterbrechung zwischen 1921 und 1923 – bis 1930.

Im Jahr 1918 ernannte der Vorstand des Frauen- Erwerbs- und Ausbildungsvereins Agnes Heineken zur Direktorin[3] – die Prüfung für das Amt einer Vorsteherin hatte sie schon 1908 bestanden. In dieser Funktion gründete die Pädagogin eine Vielzahl von berufsbildenden Schulen, darunter 1918 die Soziale Frauenschule, 1919 die Allgemeine Frauenschule, 1923 die Kinderpflegerinnenschule, 1926 das Gewerbelehrerinnenseminar. 1933 wurde Agnes Heineken bei gekürzter Pension „wegen antinationaler Gesinnung“[4] entlassen. Nach ihrer Ausbombung zog sie 1942 in den Taunus. Doch schon 1946 taucht ihr Name wieder in Bremen auf: Die erste Vorsitzende des neu gegründeten Bremer Frauenausschusses (BFA, heute Landesfrauenrat Bremen) hieß Agnes Heineken.

---

2 Siehe hierzu auch Verena Rodewald, S. 54.

3 Siehe hierzu auch Ottilie Hoffmann, S. 50.

4 Uhlenhaut, S. 86.

Ihre ehemalige Bürgerschaftskollegin von der SPD, Anna Stiegler, schrieb anlässlich des Todes von Agnes Heineken: „Bis vor 2 Monaten Krankheit sie zur Untätigkeit zwang, hat sie kaum eine Vorstandssitzung und sonstige Veranstaltungen des BFA versäumt und bei den Beratungen war sie bis zuletzt die klarste, leidenschaftliche Verfechterin nicht nur der Frauenrechte, sondern setzte sich überall dort ein, wo es um Fortschritt, Recht und soziale Hilfe ging, für die Bevölkerungsgruppen unseres Landes, die sich nicht selber helfen können."[5]

Zu Ehren der verdienten Pädagogin und Politikerin wurde 1957 ein Denkmal des Bildhauers Kurt Lettow am ehemaligen Berufsbildungszentrum am Doventor aufgestellt und 1968 in Bremen-Kattenturm eine Straße nach ihr benannt.

5 König, S. 215.

Rundgang 2

E 67/68

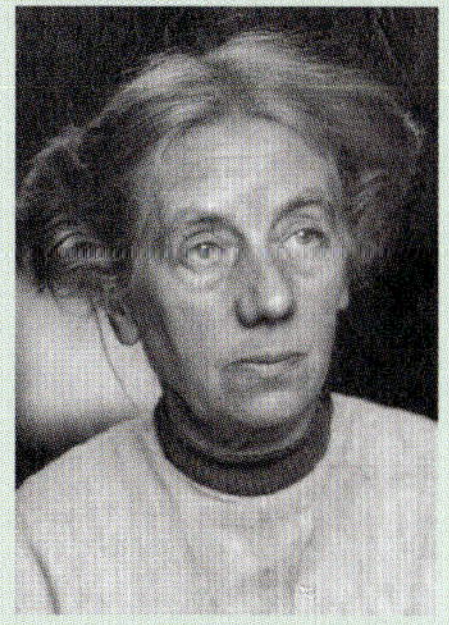

Auguste Papendieck

13. 10. 1873 in Bremen – 13. 2. 1950 in Bremen

Ein grau meliertes Steinkreuz dominiert das große Papendieck-Familiengrab. In den Sockel rundum sind in weißer Schrift etliche Namen eingeschrieben. Daneben steht links der Grabstein von Augustes Eltern und auf der davorliegenden Platte sind ihr Name und der ihrer Schwester Antonie (1876–1962) genannt. In den Sandstein zart eingraviert ist die Kontur einer flachen Schale. Der Zustand des Grabes lässt vermuten, dass sich niemand mehr um die Pflege kümmert.

Auguste Papendieck legte als erste Frau Bremens am 15. November 1912 vor der Handwerkskammer die Meisterprüfung als Keramikerin bzw. im Töpferhandwerk ab. Sie war das älteste von vier Kindern des Kaufmanns Carl Christian Papendieck (1842–1904) und seiner Ehefrau Hermine Anna Johanne, geb. Bünemann (1848–1916), und hatte sich 1911 im Achterdiek ihre Werkstatt gebaut, in der sie bis zu ihrem Tod arbeitete.

Zu ihrer gründlichen Ausbildung nach dem Besuch einer Höheren Töchterschule, Pensionatszeit und Reisen gehörten von 1900 bis 1903 ein Studium an einer privaten Malschule in München und anschließend der einjährige Besuch der Kunstakademie in Königsberg. Während eines Sommeraufenthalts am bayrischen Ammersee begann ihre Begeisterung für die Töpferei und so schlug sie einen neuen Weg ein. Als Gasthörerin studierte sie 1905 am Technisch-Chemischen Institut der Königlich Technischen Hochschule in Berlin und ein weiteres Jahr an der Königlich Keramischen Fachschule in Bunzlau. Sie absolvierte mehrere Praktika in keramischen Betrieben und nahm 1912 an der Ausstellung „Die Frau in Haus und Beruf" in Berlin teil. Eine Vielzahl an Ausstellungen folgte, bei denen die Meisterin ihre einzigartigen Keramiken präsentierte.

Als Material verwendete Auguste Papendieck ausschließlich einen schwer zu bearbeitenden Ton, der in Vegesack und Hemelingen gestochen und mit Westerwälder Ton gemischt wurde. Durch den ersten Brand wurde der Scherben bereits sehr dicht und wasserundurchlässig, hatte eine dunkelbraune Farbe und als Besonderheit einen metallisch hellen Klang beim Anschlag. Die Schalen und Gefäße, die sie auf der Töpferscheibe drehte, empfand sie einfachem Gebrauchsgeschirr nach. Jedes Stück erhielt eine individuelle Gestalt.

Die Glasuren, die die Keramikerin in langen Versuchsreihen entwickelte, verliehen dann der Form ihren endgültigen Charakter. Sie fühlen sich reliefartig plastisch an, wodurch Auguste

Papendiecks Arbeiten dreifach, nämlich akustisch, visuell und haptisch, wirken.

Heute befinden sich ihre Werke nicht nur in großer Zahl im Focke-Museum, sondern auch in Museen in Berlin, Düsseldorf, Den Haag, Hamburg, Kopenhagen, Leipzig und Mannheim sowie in Privatbesitz. Auguste Papendieck blieb unverheiratet und kinderlos und lebte von ihrem selbst verdienten Geld.

Seit 1966 vergibt die Sparkasse Bremen alle zwei Jahre den Auguste-Papendieck-Preis zur Förderung der Angewandten Kunst Bremen (AKB) in Höhe von 5.000 Euro an „Kunsthandwerkerinnen und Kunsthandwerker mit hoher Professionalität und Innovationskraft [...], deren Arbeiten auf herausragendem künstlerischem und handwerklichem Niveau sind“[1].

1 https://www.sparkasse-bremen.de/de/home/ihre-sparkasse/auszeichnungen---wettbewerbe.html

W13

Félicie Susemihl-Gildemeister geb. Gildemeister

22.8.1862 in Bremen – 8.2.1945 in Dresden

In den aufwendig konstruierten, halsgiebelähnlichen grauen Sandstein ist ein rechteckiges weißes Marmorrelief eingelassen. Es zeigt den alten Bürgermeister Otto Gildemeister im pelzbesetzten langen Mantel und einen Engel, der mit erhobener Hand das Ende der Arbeit anzeigt. Unter dem Relief steht eingraviert „in labore requies" – Ruhe in der Arbeit.

Es kann nicht eindeutig geklärt werden, ob Félicie Susemihl-Gildemeister, genannt Lissy, überhaupt in diesem Grab bestattet wurde. Sie starb kurz vor dem verheerenden Bombenangriff der Alliierten vom 13. auf den 14. Februar 1945 auf Dresden und es erscheint kaum möglich, dass die Familie den Leichnam in dem damaligen Chaos nach Bremen überführen konnte. Ihr Name ist aber eingraviert und das Grab bewahrt diese ungewöhnliche Frau vor dem Vergessen.

Auf jeden Fall beigesetzt sind im Familiengrab ihr Vater, Bürgermeister Otto Gildemeister (1823–1902), dessen Schwägerin Marie Wilhelmine Friederike, geb. Polzin, Lissys Ehemann Franz Friedrich Susemihl sowie der Sohn Otto Franz Susemihl und dessen Frau Helene, geb. Löning. Die Namen kann man nur finden, wenn man den rechten Rhododendron-Busch etwas nach vorne biegt.

Félicie Susemihl-Gildemeister war die Großnichte von Sophie Amalie Gildemeister[1]. Als einziges Kind des Senators und späteren Bürgermeisters Otto Gildemeister und seiner Frau Emma Marie Félicie, geb. Meyer (1838–1920), Tochter eines in Mexiko lebenden Tabakkaufmanns, erhielt sie die damals bestmögliche Ausbildung für Mädchen in einer Höheren Töchterschule und profitierte zweifelsfrei von ihrem intellektuellen Vater und der Gildemeister-Familie. Sie heiratete 1888 standesgemäß den Kaufmann und sächsischen Konsul Franz Friedrich Susemihl (1857–1927) und gebar zwei Töchter sowie den Sohn Otto (1895–1977).

Herkunft und Ehe erlaubten Lissy Susemihl-Gildemeister vielfältige Betätigungen. Sie verfasste etliche Artikel zu politischen, gesellschaftlichen und kulturellen Themen, die sie in den Bremer Nachrichten, auswärtigen Zeitschriften und in der „Güldenkammer“, der monatlichen Kulturzeitschrift, deren Mitherausgeberin

1 Siehe hierzu auch Sophie Amalie Gildemeister, S. 12.

sie war, publizierte. So veröffentlichte sie 1922 auch die Briefe ihres Vaters im Leipziger Insel-Verlag. Sie schrieb über die Dienstbotenfrage, die deutsche Frauenarbeit in den Kolonien, die Frauenbewegung und vieles mehr. In dem von ihr mitinitiierten „Frauenclub von 1908" traf sie sich mit anderen konservativen Frauen zu Vorträgen, musikalischen Darbietungen und nutzte die umfangreiche Bibliothek. 1915 gründete sie zusammen mit Auguste Kirchhoff und anderen prominenten Frauen den bis heute existierenden Bremer Hausfrauenverein und fungierte als Schriftführerin. Der Verein gab die „Bremer Hausfrauenzeitung" heraus, verhandelte mit dem Senat über die Deckelung der steigenden Lebensmittelpreise während des Ersten Weltkrieges und verstand sich als Berufsorganisation der Hausfrauen mit Bildungsprogrammen und hauswirtschaftlichen Informationen. „Die Hausfrau ist die Wahrerin und Verwalterin eines großen Teiles des Nationalvermögens."[2]

Trotz der Zusammenarbeit stand sie Auguste Kirchhoffs[3] pazifistischen Aktivitäten strikt ablehnend gegenüber und unterschrieb zusammen mit weit über hundert anderen Frauen eine öffentliche Distanzierung von deren Teilnahme am Internationalen Frauenfriedenskongress in Den Haag 1915, die am 28. Mai 1915 in den Bremer Nachrichten abgedruckt wurde.

Es mutet heute befremdlich an, aber unzählige Frauen und Frauenvereine wurden während des Ersten Weltkriegs von einer patriotischen Euphorie erfasst, sie konnten das resultierende Desaster nicht erahnen. Bemerkenswert ist, dass die politischen Gegnerinnen dennoch gemeinsam den Hausfrauenbund gründeten und hierin wiederum vereint waren.

2 Domdey, Riensberger Gräber, S. 72.

3 Siehe hierzu auch Auguste Kirchhoff, S. 101.

W 133

Erika Opelt-Stoevesandt geb. Nessenius

16.1.1919 in Wilhelmshaven – 3.3.2013 in Bremen

In den rötlichen Granitstein mit den gerundeten Kanten ist als Hinweis auf die tiefe Religiosität von Erika Opelt-Stoevesandt und ihrem zweiten Ehemann Rudolf Opelt (1905–1986) das Christusmonogramm aus dem lateinischen X und einem P für die griechischen Buchstaben Chi und Rho für Christós eingemeißelt. Die Kraft ihres Lebens schöpfte sie aus ihrem Glauben.

Erika verbrachte mit zwei Brüdern eine glückliche Kindheit in Bremen, wo sie auch ihr Abitur machte. 1938 heiratete sie den Juristen Heinrich B. H. Stoevesandt und zog 1939 nach Marburg, wo sie ihr Lehramtsstudium in Mathematik, Physik, Biologie und Theologie absolvierte. 1940 kam ihre Tochter Gertrud (1940–2020) zur Welt, 1941 ihr Sohn Heino. Schon in dieser Zeit interessierte sie sich für die Ökumene und besuchte auch theologische Vorlesungen.

1941 fiel Heinrich im Krieg, seit 1950 lebte Erika wieder in Bremen und unterrichtete am Gymnasium an der Karlstraße[1] sowie am Gymnasium am Leibnizplatz, wo sie zur stellvertretenden Rektorin aufstieg. Mit 42 Jahren heiratete sie 1961 den Witwer und vierfachen Vater Rudolf Opelt.

Erika Opelt-Stoevesandt leitete von 1964 bis 1981 als Nachfolgerin von Elisabeth Forck[2] das (ehemalige Mädchen-) Gymnasium an der Kleinen Helle und setzte dort bedeutende Reformen um. Allerdings entsprachen das bremische Schulsystem und die Fächerorganisation nicht ihren Ansprüchen. Sie beklagte „Niveauverluste", sinkende Leistungsanforderungen, fehlenden Religionsunterricht und die zunehmende Politisierung von Teilen der Lehrerschaft. Ihre Idee für ein ökumenisches Gymnasium, das auch körperbehinderte Schüler:innen integrieren sollte, begründete sich auch durch die senatorischen Bestrebungen, die Gymnasien in Bremen abzuschaffen und ein generelles Stufensystem einzuführen. Seit 1981 war Erika Opelt-Stoevesandt im vorläufigen Ruhestand, engagierte sich aber systematisch im 1978 gegründeten „Verein der Freunde und Förderer des Ökumenischen Gymnasiums" für die

1 Das Gymnasium lag in der Nähe des Verkehrskreisels am Hillmannplatz und war von 1922 bis 1962 ein reines Mädchengymnasium. Es übersiedelte 1968 in die Vahr mit der Bezeichnung Gymnasium an der Kurt-Schumacher-Allee. Das alte Gebäude nutzte man bis 1985 als Wirtschaftsgymnasium, dann riss man es im Zuge der Gestaltung des Hillmannplatzes ab, die Karlstraße wurde die Hillmannstraße.

2 Siehe hierzu auch Elisabeth Forck, S. 21.

Gründung des Ökumenischen Gymnasiums (ÖG) – gegen massive Widerstände aus der SPD und der Bildungsbehörde. Die Eröffnung erfolgte noch im selben Jahr mit Erika Opelt-Stoevesandt als Schulleiterin. Ihrer Hartnäckigkeit ist es zu verdanken, dass die neue Schule samt Abitur 1988 staatlich anerkannt wurde. Nach ihrem Abschied 1987 initiierte die hochgeschätzte Pädagogin noch die Gründung des Ökumenischen Domgymnasiums (ÖDG) in Magdeburg 1991.

Bundespräsident Roman Herzog verlieh der Pionierin und Schulgründerin am 8. Oktober 1994 den Verdienstorden der Bundesrepublik Deutschland. Und auch der Bremer Senat, seit Juli 1999 in einer großen Koalition mit der CDU, konnte sich einer Ehrung nicht verschließen: Am 19. November 1999 erhielt die Oberstudiendirektorin a. D. aus der Hand von SPD-Bürgermeister Henning Scherf für ihre „Verdienste um das bremische Privatschulwesen und die Integration von behinderten Kindern und Jugendlichen im Bildungswesen“ die Senatsmedaille für Kunst und Wissenschaft. Aus dem ehemaligen Förderverein entwickelte sich im Jahr 2006 – zum 25-jährigen Bestehen des ÖGs – die Erika Opelt-Stoevesandt Stiftung.

W 132

Amalie Henriette Sophie Murtfeld

22.3.1828 in Bremen – 28.6.1888 in Bremen

Das Grab der Bremer Malerin Amalie Murtfeld gibt es seit 2011 nicht mehr, doch noch kann man die Stelle als kleine freie Rasenfläche identifizieren. Wie es ursprünglich aussah, ist nicht mehr zu eruieren.

Die weitsichtigen, aber vermögenslosen Eltern Carl Friedrich Murtfeld und Friederike, geb. Schneidel[1], erkannten die Talente ihrer Töchter Ida und Amalie und ließen ihnen eine außergewöhnliche, intensive akademisch-musische Ausbildung angedeihen. Es ist bekannt, dass sie dem Bildungsbürgertum angehörten, und daraus kann man schließen, dass sie die beiden Mädchen bestmöglich förderten, sicherlich zu Hause und auch durch einen Schulbesuch. Vermutlich besuchten Ida und Amalie eine Elementarschule und anschließend eine für die Mittelschicht vorgesehene Nebenschule, bei der das Schulgeld niedriger war als in den Höheren Töchterschulen. Da die Eltern nicht in der Lage waren, eine übliche Mitgift aufzubringen, war früh klar, dass die Mädchen wohl unverheiratet bleiben und somit für sich selbst würden sorgen müssen. Die drei Jahre ältere Ida wurde Klavierlehrerin, Amalie wurde Porträtmalerin.

Schon ihr erster Lehrer Carl Kirchner, bei dem sie mit 19 Jahren ein zweijähriges Praktikum absolvierte, lobte 1849 ihr Können und war überzeugt, dass sie Karriere machen würde. Sein hervorragendes Zeugnis verhalf Amalie als erster Frau zu einem dreijährigen Senatsstipendium. Es ermöglichte ihr die weitere Ausbildung an der Düsseldorfer Kunstakademie, in Berlin und Paris. Ab 1857 unterrichtete sie fast zehn Jahre als Zeichenlehrerin in Bremen an einer Höheren Mädchenschule, reiste 1868/69 nach Italien und eröffnete – zurück in Bremen und unterstützt von wohlwollenden Kaufmannsfamilien – als selbstständige Malerin ihr erstes Atelier. Sie profitierte vom stetig steigenden Kunstinteresse der Bremer Oberschicht seit der Gründung des Kunstvereins 1823 sowie dem Bau der Kunsthalle 1843. Schnell erhielt sie Porträtaufträge aus dem Großbürgertum und avancierte zur „größten Künstlerin“ Bremens. Sie nahm an mehreren Ausstellungen in der Kunsthalle teil

1 Lebensdaten nicht überliefert.

und bildete Malerinnen wie Aline von Kapff[2] aus. Wir verdanken ihr die bildliche Überlieferung vieler Bremer und Bremerinnen. Laut Bremer Adressbüchern lebten die Schwestern Ida und Amalie Murtfeld in der Östlichen Vorstadt in der Charlottenstraße 12. Die Vornamen werden allerdings nicht genannt und beide werden als „Clavierlehrerinnen" bezeichnet.

Ein Jahr nach Amalie Murtfelds Tod veranlasste der befreundete Bremer Historienmaler Arthur Fitger eine große Gedächtnisausstellung in der Bremer Kunsthalle. Doch schon bald gerieten Amalie Murtfeld und ihr Werk in Vergessenheit. Gründe könnten einerseits die konservative Malweise sein, denn sie passte sich zweifelsfrei dem Geschmack ihrer Auftraggeber an und entwickelte somit keinen eigenen Stil. Andererseits neigte sich die große Zeit der Porträtmalerei langsam, aber stetig ihrem Ende zu. Die Fotografie konnte Menschen viel schneller und preiswerter sowie ganz naturnah darstellen und inszenieren.

Von Amalie Murtfeld selbst existieren zwei Fotoporträts von 1860 und 1888, aber auch ein Selbstbildnis in Öl. Ihre Werke befinden sich heute in Privatbesitz, in der Bremer Kunsthalle und im Focke-Museum.

2 Siehe hierzu auch Aline von Kapff, S. 28 und Félicie Susemihl-Gildemeister, S. 72.

W 149

Paula Bücking

geb. Spitta

31.1.1921 in Bremen – 18.10.2020 in Bremen

Eine hohe, in mehrere Segmente strukturierte Betonstele erinnert heute an Paula Bücking, ihre Schwiegereltern Hermann und Emilie Bücking sowie an ihren Mann Lutz Bücking (1917–1956).

Paula Bücking stammte aus einer prominenten Familie. Ihr Vater Theodor Spitta (1873–1969) verkehrte in Wirtschafts- und Politikkreisen Bremens und hatte sich als Anwalt einen exzellenten Ruf erarbeitet. 1911 wurde er zum Senator gewählt und hatte von 1931 bis 1933 das Amt des stellvertretenden Bürgermeisters inne. Nach dem Zweiten Weltkrieg bekleidete er wieder politische Ämter. Die Mutter Paula, geb. Lisco (1881–1961), stammte aus Berlin, hatte nach dem Lyzeum die Gymnasialkurse für Frauen bei Helene Lange und Gertrud Bäumer besucht und dort die nötigen Griechisch- und Lateinkenntnisse für ein Universitätsstudium erworben. Mit den beiden Frauenrechtlerinnen, besonders mit Gertrud Bäumer, verband das Ehepaar Spitta eine lebenslange Freundschaft. Durch die Heirat im Jahr 1900 und die Geburten ihrer neun Kinder wurde Paula Spittas akademische Laufbahn abgebrochen, doch sie absolvierte in Bremen eine Ausbildung mit Prüfung zur Volksschullehrerin und unterrichtete ihre eigenen sowie mehrere Kinder von befreundeten Ehepaaren in den ersten Schuljahren im Spitta-Wohnhaus. Sie beschäftigte sich mit verschiedenen Reformplänen und wandte sie auch in ihrem kleinen Schulbetrieb an. Stark geprägt von einer anthroposophischen Geisteshaltung beteiligte sie sich 1923 engagiert an der Neugründung der Anthroposophischen Gesellschaft.

Die Spitta-Kinder wuchsen behütet, umsorgt, gebildet und vielseitig angeregt durch die Eltern auf. Die Zeit vom Frühling bis zum späten Herbst verbrachte die Familie stets naturnah in Bremen-Nord und in Oberneuland. Als nach dem Ersten Weltkrieg geborenes jüngstes Kind der großen Familie besuchte Tochter Paula den pädagogischen Überzeugungen der Eltern entsprechend die Scharrelmann-Versuchsschule an der Stader Straße, wodurch ihr Menschenbild stark beeinflusst wurde. Der Schulleiter verabschiedete 1931 die Mädchen mit dem Satz: „Wehrt euch und bleibt frei." Er wurde 1933 von den Nazis entlassen. Paula wechselte in die Mädchen-Oberschule an der Karlstraße und legte ihr Abitur ab. Der

Nationalsozialismus brachte viel Leid auch in das Leben der Spitta-Familie. Der Vater musste im März 1933 als Senator zurücktreten, drei Brüder Paulas fielen im Krieg, zwei wanderten aus, und das Elternhaus in der Kirchbachstraße wurde 1942 durch Brandbomben zerstört.

Noch im Krieg begann Paula mit dem Studium der Fächer Erdkunde, Chemie und Physik an den Universitäten München, Göttingen und Marburg, anschließend folgte 1948 ein zweijähriger Studienaufenthalt in Chicago. Zurück in Deutschland absolvierte sie ein Psychologie-Studium und promovierte in Geografie. 1950 heiratete sie den kommunistischen Schlosser, Sozialarbeiter und Gründer eines Heimes für wohnungslose Jungen Lutz Bücking und bekam zwei Kinder, Robert und Christine. Nach dem frühen Tod ihres Mannes 1956 musste Paula Bücking alleine für sich und die Kinder sorgen. Sie unterrichtete am Kippenberg-Gymnasium und leitete eine Abteilung in der Referendariats-Ausbildung, zuständig für Psychologie und Pädagogik.

Ihre Arbeit und Persönlichkeit, ihre Klugheit, rhetorische Versiertheit und Unvoreingenommenheit sowie ihr Einsatz beeindruckten viele. Gespeist aus ihren persönlichen Erlebnissen während der NS-Zeit, den Erinnerungen an Ausgrenzungen jüdischer Mitschülerinnen, den Verlusten in der eigenen sowie in der Familie ihres Mannes fühlte sie sich verpflichtet, im Schulunterricht bereits in den 1950er-Jahren den Nationalsozialismus zu thematisieren, und besuchte mit den Jugendlichen Konzentrationslager im Rahmen ihrer Erziehung zu Pazifismus, Humanität, Toleranz und Mitmenschlichkeit. Ihre innere Haltung blieb ihr lebenslanger Antrieb bei der Verarbeitung der NS-Zeit und untermauerte ihre Glaubwürdigkeit.

Paula Bücking nahm an Bremer Friedensdemonstrationen teil, war Mitglied in der Gewerkschaft Erziehung und Wissenschaft und im Bremer Frauenmuseum. Mit anderen Pädagog:innen gründete sie das Bildungs- und Seminarhaus in Prinzhöfte in der Nähe von Bassum, aus dem die Freie Schule PrinzHöfte hervorging, und engagierte sich für Menschen mit Beeinträchtigungen in der „Blauen Karawane". Sie beteiligte sich an vielen künstlerischen und kulturellen Aktivitäten, trat humorvoll, selbstbewusst und strahlend in Stadtmusikantenspielen in der Rolle des Hahns auf und nahm an Clownseminaren teil. Darüber hinaus leitete sie psychologisch-pädagogische Selbsterfahrungsseminare für Frauen und machte ihren Teilnehmerinnen stets Mut.

Als Paula Bücking im Alter von 99 Jahren starb, war die Anteilnahme überwältigend. Ein großer Freundes- und Wirkungskreis geleitete die Verstorbene zu ihrer letzten Ruhestätte.

Maria Ewel

30. 9. 1915 in Königsberg – 27. 1. 1988 in Bremen

Zu den fast vergessenen Künstlerinnen Bremens gehört die Bildhauerin Maria Ewel. Sie blieb unverheiratet und kinderlos und wurde anonym ohne einen Grabstein beigesetzt.

Maria Ewel erhielt bereits als Kind eine gute Förderung durch ihren Vater Otto Ewel (1871–1954), der als Maler und Kunstprofessor an der Kunst- und Gewerbeschule in Königsberg arbeitete. Dort besuchte die Dreizehnjährige Abendkurse in der Keramikklasse und erhielt von 1936 bis 1939 an der Dresdner Kunstgewerbeschule ihre künstlerische Ausbildung. Gegen Ende des Zweiten Weltkriegs verschlug es sie zunächst nach Fischerhude, sie musste jedoch in Bremen vier Wochen lang als „Trümmerfrau“ unentgeltlich täglich 200 Ziegelsteine von Zementresten freischlagen – sonst hätte es keine Lebensmittelkarten gegeben.

Im Herbst 1946 schrieb sie sich an der Staatlichen Kunstschule für Bildhauerei in Bremen ein. Doch schon im Winter wurde der Unterricht wegen Kohlenmangels wieder eingestellt, die junge Künstlerin kam mit der Modellierung kleiner Tonplastiken gerade so über die Runden. Mit dem Angebot, Bremer Baudenkmäler zu restaurieren, erhielten sie und die anderen Studierenden endlich eine verlässliche Finanzierung des Studiums. In der „Bremer Bauhütte“ der Baudenkmalpflege, wie die jungen Künstler:innen ihre Arbeit nannten, entstanden die im Bombenhagel schwer beschädigten Baudenkmäler neu und bereichern fast originalgetreu bis heute das historische Bremer Stadtbild. Die Stadtwaage, das Gewerbehaus, das Kornhaus und die (ehemalige) Sparkasse am Markt erhielten durch diesen Einsatz ihren reichen Fassadenschmuck zurück.

Bis 1952 musste Maria Ewel die aufwendige Pendelei von Fischerhude nach Bremen täglich bewältigen, dann erst konnte sie nach Bremen übersiedeln. Schon 1950 beauftragte das Land Bremen die Bildhauerin mit der Schaffung des lebensgroßen „Bären“ an der Kindertagesstätte im Waller Park. Zwei Jahre später verließ Maria Ewel die „Bauhütte“ und arbeitete von nun an freischaffend. Der „Große Tiger“ von 1955 im Hohentorspark in der Bremer Neustadt und das „Mädchen mit dem Reifen“ von 1967 an der Bürgermeister-Smidt-Schule an der Contrescarpe gehören zu ihren Werken.

Ernestine Ella Ehlers

geb. Schimpf

30.5.1904 in Dresden – 9.4.1985 in Bremen

Trotz der anonymen Beisetzung ist Ella Ehlers in Bremen unvergessen. Dies ist ihrem Mann, dem Senator Adolf Ehlers (1898–1978) sowie ihrem eigenen unermüdlichen gesellschaftlichen und sozialen Einsatz zu verdanken.

Die ausgebildete Kindergärtnerin arbeitete zunächst für die „Rote Hilfe" auf dem Worpsweder Barkenhoff, wo seit 1923 notleidende Kinder von verfolgten oder inhaftierten Revolutionären gepflegt wurden. Hier lernte Ella 1926 den Maler und hauptamtlichen Sekretär der Roten Hilfe und von 1923 bis 1927 KPD-Abgeordneten der Bremischen Bürgerschaft Adolf Ehlers kennen. Sie heirateten jedoch erst im Juni 1937, die Ehe blieb kinderlos. Beide waren überzeugte Kommunisten, konnten sich jedoch nicht mit dem Stalinismus identifizieren, weshalb sie aus der KPD ausgeschlossen wurden und ihre Posten bei der Roten Hilfe verloren.

Infolge dessen besuchte Ella Ehlers die Handelsschule in Bremen und arbeitete als Kontoristin bei einer Kaffee-Firma, ihr Mann blieb bis 1938 arbeitslos. Während der NS-Zeit gehörte das Paar zum Widerstand der SAP (Sozialistische Arbeiterpartei Deutschlands), einem linken Flügel der SPD, und stand in Kontakt mit den in Schweden lebenden Exilanten Willy Brand und Irmgard Enderle.

Nach dem Zweiten Weltkrieg traten die Eheleute vorübergehend wieder der KPD bei, und Adolf Ehlers wurde am 1. August 1945 kommunistischer Senator für Wohlfahrt. Jedoch schon 1946 verließen sie die Partei wieder und wurden SPD-Mitglieder. Adolf Ehlers blieb bis 1963 Senator, zunächst ab 1947 für Gesundheit und Wohlfahrt und ab 1948 für Inneres. Ella Ehlers wurde Zweite Vorsitzende des Arbeiterhilfswerks, das später in der Arbeiterwohlfahrt (AWO) aufging. Sie engagierte sich ehrenamtlich u.a. für Mutter-Kind-Heime, Altentagesstätten, Dienstleistungszentren, Hauskrankenpflege und Erholungseinrichtungen.

Für ihre unermüdliche soziale Arbeit erhielt Ella Ehlers 1978 das Große Verdienstkreuz der Bundesrepublik Deutschland und 1980 von der AWO die Marie-Juchaz-Plakette. In Bremen trägt heute das Pflegeheim der AWO in der Dockstraße in Gröpelingen ihren Namen. Am 25. April 2019 beschloss der Beirat Neustadt, alle Wege und Straßen im Neubaugebiet Gartenstadt Werdersee neben dem Huckelrieder Friedhof nach Frauen zu benennen. Dort gibt es jetzt den Ella-Ehlers-Weg.

W 357a

Hanna Hübner-Kunath geb. Kunath

11. 6. 1909 in Bremen – 12. 9. 1994 in Seevetal

Neun Steinplatten liegen leicht aufgerichtet in einem Pflanzenbett. In diesem Familiengrab sind die erste Pilotin Bremens, Hanna Hübner-Kunath, ihre Eltern Arno Theodor Kunath (1864–1936) und Frieda Johanne, geb. Schindler (1880–1943), sowie ihr Bruder Arno Carl (1900–1939) und andere Familienmitglieder beigesetzt. Den Doppelnamen Hübner-Kunath führte Hanna seit ihrer Eheschließung mit dem Hamburger Kaufmann Werner Hübner 1970.

Schon als Kind begeisterte sich Hanna fürs Fliegen, ihre Vorbilder waren dabei ihr Vater und ihr Bruder, die beide Flieger waren. Von 1932 bis 1934 erlernte sie im „Bremer Verein für Luftfahrt" selbst das Fliegen und die technische Wartung von Flugzeugen, nach 100 Flugstunden erhielt Hanna Kunath ihren Flugzeugführerschein und erwarb mit 29 Jahren 1938 auch den Segelflugschein. Anschließend gründete und leitete sie eine Frauensegelgruppe und schulte ehrenamtlich bis 1943 Mädchen und Frauen.

Hanna Kunath arbeitete als ausgebildete Kauffrau in der Verwaltung der Bremer Sportstätten, wurde aber nach dem Tod ihres Bruders 1939 entlassen. Er hatte als Rechtsanwalt Juden geholfen, ihr Vermögen im Ausland zu sichern, und war dadurch ins Visier der Gestapo geraten. Während des Zweiten Weltkriegs weigerte sich die Pilotin, Flugzeuge aus Bremen an die Front zu fliegen.

Nach dem Krieg engagierte sich Hanna für den Wiederaufbau der Fliegerei in Bremen, kümmerte sich um die Öffentlichkeitsarbeit, sammelte Spenden, organisierte Wettbewerbe und wurde mit ihrem eigenen Flugzeug Mitglied in der 1968 gegründeten „Vereinigung Deutscher Pilotinnen e. V.". 1979 holte die inzwischen 70-Jährige die Jahreshauptversammlung des Vereins in ihre Heimatstadt. Ein knappes Drittel aller Vereinsmitglieder, 54 Fliegerinnen, landete damals mit eigenen oder Vereinsflugzeugen auf dem Bremer Flughafen. Bis zu ihrem Tod blieb Hanna Hübner-Kunath eine begeisterte Fliegerin und galt lange als älteste aktive Sportfliegerin Deutschlands. Sie war überzeugt, dass sich Tüchtigkeit und Können immer durchsetzen, egal wie.

In der Nähe des Bremer Flughafens benannte man 1995 eine Straße nach ihr. Die Kunath-Straße in der Nähe des Weser-Stadions erinnert dagegen an ihren Vater, der sich als Turnlehrer große Verdienste erwarb, beispielsweise durch die Einrichtung der Sparte des Mädchen- und Frauenturnens in Bremen 1892.

FF 84

Elisabeth Hannover-Drück

geb. Drück

3.6.1928 in Maulbronn – 23.9.2009 in Bremen

Etwas vom Weg nach hinten versetzt, findet sich ein alter Grabstein, den die Familie von der Friedhofsverwaltung erwarb. Es ist ein sehr schönes Angebot, gut erhaltene historische Steine zu bewahren und neue Gräber mit ihnen zu schmücken. Ein Engel hat seine Flügel schützend über die Namenstafeln von Elisabeth Hannover-Drück und ihrer mit nur sieben Jahren verstorbenen Tochter Carola gebreitet.

Elisabeth wuchs mit ihren vier Geschwistern in einem gebildeten Elternhaus auf. Ihr Vater Dr. Karl Drück (1899–1941), Lehrer und Offizier, fiel im dritten Kriegsjahr. Dennoch ermöglichte die Mutter Elisabeth, geb. Wetz (1901–1992), ihrer Tochter auch in diesen schweren Zeiten den weiteren Besuch des Stuttgarter Gymnasiums. Selbst hatte sie 1920 ihr Abitur bestanden und zwei Semester in Tübingen – wie man damals sagte – Gotisch und Altenglisch studiert. Die Tochter Elisabeth legte nach 13-jähriger regulärer Schulzeit 1948 das beste Abitur landesweit ab, trotz Unterbrechungen während des Krieges, trotz Arbeitseinsätzen und Mithilfe bei der Versorgung der jüngeren Geschwister. Das Studium für Deutsch, Englisch und Geschichte vorerst in Freiburg und später in Tübingen schloss sie 1953 nach neun Semestern mit der ersten Staatsprüfung für das Lehramt an Höheren Schulen ab. Im selben Jahr heiratete Elisabeth Drück in Bremen den Juristen und späteren Kinderbuchautor Heinrich Hannover (1925–2023), mit dem sie in sieben Jahren sechs Kinder bekam[1].

Eine Berufsausübung war mit den familiären Aufgaben für sie vorerst nicht zu vereinbaren. Die wissenschaftliche Arbeit gab Elisabeth dennoch nicht auf: 1966 und 1967 veröffentlichte das Paar gemeinsam Bücher zur politischen Justiz sowie zum Mord an Rosa Luxemburg und Karl Liebknecht.

Nach der Trennung von Heinrich brachte Elisabeth Hannover-Drück ihre Ausbildung zum Abschluss und absolvierte bis 1974 das Referendariat. Während ihrer Tätigkeit als Lehrerin am Bremer Kippenberg-Gymnasium bis 1992 und auch während ihrer Pensionszeit engagierte sie sich in der Neuen Frauenbewegung, forschte abgeordnet im Bremer Staatsarchiv zum Frauenwahlrecht in Bremen und hatte die Idee, das Bremer Frauenlexikon zu verfassen,

1 Irmela (*1954), Heinrich (*1956), Jantje (*1958), Almut und Bettina (*1959), Carola (1961–1969).

für das sie sechzehn Biografien recherchierte und als Mitherausgeberin der feministischen Geschichtswerkstatt von belladonna e. V. fungierte[2].

1991 gehörte Elisabeth Hannover-Drück zu den maßgeblichen Gründerinnen des Bremer Frauenmuseums e. V. und war bis 1999 Erste Vorsitzende, anschließend Ehrenvorsitzende. Bis zu ihrem Tod erarbeitete sie mit ihren Mitstreiterinnen unermüdlich und unbeirrt Ausstellungen und Kataloge, hielt Reden und Vorträge, initiierte Projekte und beförderte mit großer Hartnäckigkeit die Realisierung der Straßennamenlegenden von Frauen. Viel früher als andere Vereinsfrauen nutzte sie ihren Computer und fuhr mit ihrem Auto zu Veranstaltungen. Den Führerschein hatte sie als junge Mutter mit 33 Jahren 1961 gemacht.

Mit Tapferkeit und Disziplin ertrug sie ihre Osteoporose-Erkrankung und ließ sich in ihren Aktivitäten in und für ihre Familie sowie in ihrem frauenpolitischen Engagement kaum einschränken. Sie starb trotz bekannter gesundheitlicher Probleme für alle überraschend in ihrem Haus.

Die Riensberger Kapelle war bis auf den letzten Platz gefüllt, als der Trauergottesdienst für Elisabeth Hannover-Drück abgehalten wurde. Familie, Nachbar:innen, Freund:innen, Mitstreiter:innen und unzählige Menschen, die die Verstorbene geliebt, geschätzt und bewundert hatten, geleiteten ihren Sarg zur letzten Ruhestätte.

Am 11. Mai 2023 wurde unter großer Anteilnahme von Anrainer:innen, Mitgliedern des Beirats Mitte und des Bremer Frauenmuseums e. V. sowie der Familie ein Platz im Ostertor nach Elisabeth Hannover-Drück benannt.

---

2 Siehe hierzu auch Hannelore Cyrus, S. 41.

EE 201

Prof. Dr. Helga Krüger

1.4.1940 in Essen – 22.2.2008 in Bremen

Das Grab von Helga Krüger liegt besonders schön an der Uferböschung des Sees. Der große helle Granitstein mit ihrem Namen und den Lebensdaten ist mit einer farbig abgesetzten Mohnblume geschmückt.

Über Helga Krügers privates Leben ist wenig bekannt. Ihre Mutter Herta Verheyen war Zahnarzthelferin, und ihr Vater Ernst Krüger arbeitete als Jungbauleiter. Er kam nach nur dreijähriger Ehe im Zweiten Weltkrieg als Gefreiter der deutschen Wehrmacht in Norwegen ums Leben. Seine Witwe zog nach dem Krieg mit ihren Kindern Helga und dem drei Jahre älteren Günter zurück zu ihrer Familie ins Ruhrgebiet, wo Helga ihr Abitur machte.[1]

1974 heirateten Helga Krüger und Wilfried Müller, der ab 1979 Professor für „Ausbildung und Beruf von Natur- und Ingenieurwissenschaftlern", später umbenannt in „Sozialwissenschaftliche Technikforschung", an der Universität Bremen war. Von 2002 bis 2012 hatte er in dieser Institution den Posten des Rektors inne. Die Zwillinge Jana und Nina wurden 1975 geboren.

Helga Krügers wissenschaftliche Karriere begann mit dem Studium der Romanistik, Pädagogik, Philosophie und Soziologie an den Universitäten Paris, Marburg, Bogotá und Kiel, wo sie ihr Staatsexamen ablegte. In Kiel promovierte sie 1970 und arbeitete zunächst als wissenschaftliche Assistentin an der Uni Bielefeld, anschließend von 1971 bis 1974 in Hamburg. 1974 erhielt sie eine Professur für „Familiensoziologie, familiale und berufliche Sozialisation" an der Bremer Universität im Fachbereich Gesundheits- und Humanwissenschaften. Sie gründete 1988 mit anderen den Studiengang Lehramt Pflegewissenschaft und leitete ab 1994 den Modellversuch für die Erprobung eines Studiengangs für Lehrkräfte in der Alten- und Kranken-/Kinderkrankenpflege. Als Gastprofessorin lehrte sie in London, Toronto und Minneapolis. Helga Krüger war Mitglied in verschiedenen Forschungsgesellschaften, z. B. im „Arbeitskreis Sozialwissenschaftlicher Arbeitsmarktforschung". Ein stetes Anliegen war ihr die genaue Analyse verschiedener Aspekte bezüglich einer modernen pflegerischen Arbeit. Die

1 Die Namen der Familienmitglieder waren nicht zu ermitteln.

Deutsche Forschungsgemeinschaft finanzierte neun dreijährige Forschungsprojekte u. a. zur Situation erwerbstätiger Mütter mit kleinen Kindern, zum Wandel des Geschlechterverhältnisses und zur Geschlechtertypik des Berufsbildungssystems.

Als die ehemalige SPD-Bundesfamilienministerin Renate Schmidt am 15. August 2005 den 500 Seiten starken 7. Familienbericht der Bundesregierung vorstellte, war es „das erste Mal, dass Trends und Perspektiven für Familien in Deutschland im internationalen Vergleich bewertet" wurden, wie Prof. Dr. Helga Krüger als eine der Expertinnen die zweijährige Forschungsarbeit zusammenfasste. Als Soziologin hatte sie sich zu diesem Zeitpunkt durch ihre Forschungen zu Arbeit und Bildung, Familiensoziologie, Berufs- und Bildungssoziologie sowie zu Risikolagen im Lebenslauf bereits einen internationalen Ruf erworben. Sie erkannte die Bedeutung der Infrastruktur für die Familienplanung und die Wechselwirkung von Stadtentwicklung und Familienentwicklung.

In ihrem Aufsatz „Endlos studieren" (2006) analysierte sie die Lebens- und Arbeits- sowie Karrierechancen von Frauen in der Vergangenheit und in den 1950er-Jahren sowie die herrschenden Rollenbilder am Beispiel ihrer Großeltern, ihrer Mutter und von Verwandten. Sie erkannte früh die unterschiedlichen Bildungsmöglichkeiten von Mädchen und Jungen und beschloss schon als Kind, vom vorgezeichneten Weg abzuweichen. Die einzige Möglichkeit dafür sah sie in einer bestmöglichen Bildung und beschritt entsprechend unbeirrt ihren intellektuellen Werdegang.

Ihre Forschungsergebnisse veröffentlichte die Wissenschaftlerin in Deutsch, Englisch und Französisch in Büchern, Zeitschriften, Aufsätzen, Handbüchern und in Sammelwerken. Der Beirat Östliche Vorstadt beschloss am 12. September 2022, eine Straße im neuen Hulsberg-Quartier nach Helga Krüger zu benennen.

GG 664a

Annemarie Gesine Mevissen geb. Schmidt

24.10.1914 in Bremen – 13.07.2006 in Bremen

Nah am Weg liegt das Grab von Annemarie Mevissen, gestaltet mit zwei Rhododendronbüschen und einer schön beschrifteten hellen Sandsteinplatte dazwischen. Hier sind auch die Eltern Gesine, geb. Tiedemann (1884–1969), und Wilhelm Schmidt (1883–1975), ihr Ehemann Werner Mevissen (1911–1978) sowie ihre Tochter Ulrike Mevissen-Schubert (1945–2007) beigesetzt. Die eingemeißelte fünfblättrige Rosenblüte symbolisiert Liebe, Lebensfreude und Glück.

Schon als Jugendliche engagierte sich Annemarie, so wie auch ihr zwei Jahre älterer Bruder Hans, in der Sozialistischen Arbeiterjugend. Zweifelsohne war sie von ihrem politisch aktiven Vater beeinflusst, der als Bote bei der Bremer Baubehörde arbeitete und seit dem Ende des Ersten Weltkriegs bis 1933 bereits Bürgerschaftsabgeordneter der SPD war. Auch ihrer Mutter, die aus einer kinderreichen Bauernfamilie in Bederkesa stammte, ausgebildete Schneiderin war und schließlich in Bremen als Dienstmädchen arbeitete, verdankte Annemarie viel: die Liebe zur Natur und zur Gartenarbeit sowie die umfangreiche Versorgung der Familie mit Lebensmitteln und Kleidung. Für die Tochter waren Fleiß und Strebsamkeit der Eltern ein bedeutendes Vorbild. Gemäß ihrer Auffassung vom Aufstieg durch Bildung ermöglichten die Eltern Annemarie den Besuch der damals sogenannten Deutschen Oberschule für Mädchen an der Karlstraße mit Abschluss des Abiturs im Februar 1934. Ihre Ausbildung zur Buchhändlerin absolvierte Annemarie bei Storm am Wall, wo sie bis 1939 blieb. Anschließend arbeitete sie in Buchhandlungen in Leipzig, Marburg und Göttingen. In Leipzig lernte sie Werner Mevissen kennen, den sie 1943 mitten im Krieg heiratete. Als sie schwanger wurde, zog Annemarie Mevissen zurück zu ihren Eltern nach Oberneuland, Werner war weiterhin als Soldat im Einsatz.

Nach Kriegsende begann Annemarie Mevissens politisches Engagement im Wohlfahrts- und Jugendamt. Im Oktober 1947 zog sie als jüngste Abgeordnete mit 33 Jahren für die SPD in die Bremische Bürgerschaft ein. Bereits vier Jahre später, im November 1951, wurde sie unter Bürgermeister Wilhelm Kaisen zur Senatorin für das Jugendwesen gewählt und im Januar 1952 vereidigt. Damit war sie nach Käthe Popall die zweite Frau, die in Bremen einen Senatsposten bekleidete – blieb aber die einzige Frau im Senat. 1959 übernahm sie das große und bedeutende Wohlfahrts- bzw. Sozialressort. Hier setzte sie sich erfolgreich für Kinder und Jugendliche, Alte und Menschen mit Einschränkungen ein. Sie organisierte Maßnahmen, die alten Menschen ein langes Verbleiben in der eigenen Wohnung ermöglichten, und ließ den Martinshof ausbauen. Etliche Freizeiteinrichtungen wie Schwimmbäder, Kindergärten und Jugendtreffs entstanden unter ihrer Regie und sie unterstützte den Jugendaustausch zwischen Deutschland und Frankreich als Zeichen der Völkerverständigung.

Nach zwanzig Jahren politischer Arbeit wählte die Bürgerschaft Annemarie Mevissen 1967 neben Hans Koschnick zur Bürgermeisterin[1] und somit zur stellvertretenden Ministerpräsidentin des Landes Bremen. Dabei blieb sie Senatorin für Soziales, Jugend und Sport. Legendär bis heute ist ihr couragierter Auftritt 1968 bei einer Demonstration von Schüler:innen, Lehrlingen und Studierenden gegen die Erhöhung der Straßenbahntarife, bei der es ihr durch ihre besonnene, sachliche Art gelang, erneute Zusammenstöße zwischen Demonstrant:innen und Polizei abzuwenden.

Unvergessen in ihren Rathaus-Anekdoten ist auch der Besuch eines Zirkusdompteurs, der seinen ungestümen Löwen nicht davon abhalten konnte, mit seinen Vorderpranken auf den Couchtisch der dahinter sitzenden erschrockenen Bürgermeisterin zu springen.

Die erste Bürgermeisterin Bremens schied 1975 durch eigenen Entschluss aus dem Senat aus und widmete sich fortan dem Malen und Zeichnen und veröffentlichte mehrere Bildbände. Für den von ihr und der Bremer Heimstiftung 1980 gegründeten Freundeskreis

1 Die Bremische Verfassung sieht zwei Bürgermeisterämter vor, die gleichberechtigt sind. Deshalb spricht man in Bremen im Gegensatz zu Hamburg nicht vom Ersten oder dem Zweiten Bürgermeister. Beim Amt des Ministerpräsidenten ist es anders: Der Bürgermeister der Stadt Bremen ist gleichzeitig der Ministerpräsident des Landes Bremen. Somit war Annemarie Mevissen als Bürgermeisterin die Stellvertreterin des Ministerpräsidenten. In Bremen, Hamburg und Berlin lautet der Titel im Gegensatz zu den Flächenstaaten Präsident des Senats, weil die Minister in den Stadtstaaten den Titel Senatoren tragen.

der Seniorenresidenz Ichon Park in Oberneuland stellte sie anregende Kulturprogramme zusammen.

Am 5. September 2005, kurz vor ihrem 91. Geburtstag, erhielten Annemarie Mevissen und die Mäzenin Barbara Grobien im Rahmen einer großen Feier im Rathaus aus der Hand des damaligen Bürgermeisters Henning Scherf die Bremer Ehrenbürgerinnenwürde. Zum ersten Mal in der langen Tradition überreichte man diese Auszeichnung einer Frau. Scherf hatte auf diese Anerkennung seiner geschätzten Parteifreundin gedrängt, gerade noch rechtzeitig, denn gut zehn Monate später starb die Geehrte.

Seit dem 20. März 2007 trägt das Kinderhaus der Arbeiterwohlfahrt in der Martin-Buber-Straße in Bremen-Arsten ihren Namen. Am 12. November 2014 weihten Bürgermeister Jens Böhrnsen, der Leiter des Ortsamtes Mitte/Östliche Vorstadt Robert Bücking, die Historikerin Renate Meyer-Braun[2], der Sohn Edmund Mevissen und viele andere den „Bürgermeisterin-Mevissen-Weg“ in den Bremer Wallanlagen ein.

2 Initiative des Bremer Frauenmuseums, dessen Mitglied Renate Meyer-Braun ist.

AA 289

Auguste Christine Luise Kirchhoff

geb. Zimmermann

23. 6. 1867 in Ansbach – 12. 7. 1940 in Bremen

Das eigentliche Grab von Auguste Kirchhoff existiert nicht mehr, lediglich die schwarze Steinplatte mit der Beschriftung ist erhalten, allerdings an der steilen Seeböschung schwer zu finden. Offenbar fiel das Grab der Weganlage zum Opfer. Laut Inschrift waren dort auch die Mutter und deren Schwester Ottilie Colonius beigesetzt.

Auguste wuchs mit ihrem jüngeren Bruder behütet und unbeschwert auf, erhielt von ihren fröhlichen, katholisch-protestantischen Eltern, dem Justizrat Peter Zimmermann (1830–1900) und Eleonore, geb. Colonius (1841–1903), jede Förderung, ging gerne zur Schule, wo Deutsch, Französisch, Englisch, Geschichte, Physik, Naturgeschichte, Mathematik, Zeichnen, Singen sowie Turnen unterrichtet wurde, und konnte sich somit vielseitig entwickeln. Sie bezeichnete sich selbst als wildes Kind. Diese glückliche Kindheit und Jugend wurden die Basis für Augustes späteres Wirken.

Bei einem Sommeraufenthalt auf Wangerooge lernte die 17-Jährige den Bremer Juristen Heinrich Kirchhoff (1854–1929) kennen, drei Jahre später verlobten sie sich und heirateten 1888 in Neuwied.

Auguste Kirchhoff lebte sich in ihrer neuen Heimatstadt Bremen schnell ein. Ein gastliches Haus wurde etabliert, sie kümmerte sich um die fünf Kinder und hielt ihrem Mann den Rücken frei, der vom Amtsrichter zum Mitglied des Landgerichts, zum Landgerichtsdirektor und schließlich zum Senator aufstieg. Sie nahm Gesangsunterricht, erteilte später selbst Musikunterricht, gab Konzerte und lud Künstler ein. Mit zunehmendem Interesse verfolgte sie das politische Zeitgeschehen und die sozialdemokratische Frauenkonferenz, die 1904 in Bremen stattfand. Von nun an setzte sie sich für das allgemeine, gleiche, geheime und freie Wahlrecht ein, trat 1905 dem „Bremer Verein für Frauenstimmrecht" bei und wurde 1909 Mitglied im „Deutschen Bund für Mutterschutz und Sexualreform". 1906 gründete sie mit anderen Frauen ein Mütter- und Säuglingsheim und richtete 1909 mit der gleichgesinnten späteren Bürgerschaftsabgeordneten Rita Bardenheuer eine Beratungsstelle für Frauen und Mütter ein. Auguste Kirchhoff prangerte die hohe Säuglingssterblichkeit unter Arbeiterinnen und die Doppelmoral bezüglich der Prostitution an und verlangte Schutzrechte für Schwangere sowie die Schärfung des sozialen Gewissens der Menschen. Vehement verlangte sie die Gleichstellung nicht verheirateter Mütter und ihrer Kinder, worunter sie auch gleiche und ausreichende Geburtshilfe und intensive Sexualaufklärung verstand. Zu ihren Forderungen gehörte die Abschaffung des Beamtinnenzölibats, das Ehelosigkeit von Beamtinnen und Lehrerinnen vorschrieb, weshalb Frauen bei Verheiratung gekündigt wurde.

Mit dem Ausbruch des Ersten Weltkriegs nahm Auguste Kirchhoff an Versammlungen und Kongressen auch außerhalb Bremens teil und bezog auch nach dem Krieg in zahlreichen Artikeln Stellung gegen Krieg, Giftgas, Völkermord und Antisemitismus, verlangte eine Aussöhnung mit Frankreich sowie eine Erziehung der Jugend zur Friedfertigkeit. Großes Aufsehen erregten sie und Adèle Schmitz mit ihrer Teilnahme an der Internationalen Frauenfriedenskonferenz 1915 in Den Haag. Von einem von Lissy Susemihl-Gildemeister[1], Felice Breyer und Marie Migault formulierten Protestbrief und einer kränkenden Unterschriftenkampagne ließ sie sich nicht beirren. Von 1919 bis 1933 leitete Auguste Kirchhoff die Bremische Sektion der Internationalen Frauenliga für Frieden und Freiheit IFFF, organisierte Kongresse und verfasste ihren Anliegen entsprechende Anträge an die deutsche Regierung.

Nach dem Tod ihres geliebten Ehemanns 1929, der all ihre Aktivitäten mitgetragen hatte, zog sie sich vorerst zurück, stürzte sich aber ab 1930 wieder in ihre Arbeit. Von jetzt an formulierte sie noch schärfer und kompromissloser ihre Angriffe und ihren Antifaschismus. Bis zu ihrem Lebensende stand die liberale und fortschrittliche Humanistin in engem Kontakt mit ihren Kindern.

In Schwachhausen wurde 1956 eine Straße nach ihr benannt, seit August 2004 unterstützt der „Lions Club Bremen Auguste Kirchhoff" den Dialog zwischen Europa und Afrika.

1 Siehe hierzu auch Félicie Susemihl-Gildemeister, S. 72.

BB 188

Margaretha Meinders geb. Plock

28.12.1862 in Papenburg – 12.1.1935 in Bremen

Den stark zur Seite geneigten Grabstein von Margaretha Meinders schmückt ein nach oben offener Lorbeerkranz mit einer Schleife, die an den Großbuchstaben M erinnert. Die Kombination der Buchstaben X und P stellt das Christus-Monogramm aus den griechischen Anfangsbuchstaben Chi und Rho für Christós dar. Beigesetzt im Grab sind auch der Sohn Hermann (1883–1964) mit seiner Ehefrau Antonie, geb. Vollmer (1882–1966) und vermutlich das Enkelkind Margareta (1914–1993). Das Grab gilt als Kulturdenkmal und wird als solches von der Stadt Bremen erhalten.

Für die Papenburger Tochter eines Schmiedes war es, wie für viele andere Kapitänsfrauen, selbstverständlich, mit dem Ehemann zur See zu fahren. Margaretha Meinders nahm ihre beiden kleinen Kinder Hermann und Susanne[1] mit, auch das war nicht ungewöhnlich. So wurde der Nachwuchs schon frühzeitig an die späteren Aufgaben herangeführt. Frauen besuchten keine Seefahrtsschulen, lernten aber während der Seereisen, Positionen der Schiffe zu bestimmen, und waren als Krankenpflegerinnen oft unentbehrlich. Wie Frauen in ihren langen Kleidern auf solchen Fahrten zurechtkamen, ist heute nicht mehr vorstellbar.

Margarethas Ehemann, Kapitän Hermann Meinders, starb 1890 während einer dramatischen Schiffsreise nach Australien an einem Fieber. Die beiden schweren Stürme überstand das Schiff „Johanne" nicht zuletzt durch den tatkräftigen Einsatz der Kapitänsfrau, die neben der Pflege der kranken Seeleute auch alle anderen anfallenden Arbeiten mitübernahm, vom Kochen in der Kombüse bis zum Segelsetzen in der Takelage. Zusammen mit dem Steuermann – alle anderen Besatzungsmitglieder waren erkrankt bzw. gestorben – navigierte sie das leckgeschlagene Schiff nach Melbourne und konnte so sich, ihre dreijährige Tochter und einen Teil der Mannschaft retten. Dort feierte man die Kapitänswitwe als Seeheldin, und die Schiffsversicherung belohnte Margaretha Meinders für die Rettung der Zuckerladung mit einer goldenen Uhr und einer kostenlosen Heimfahrt.

In ihrer Heimatstadt Papenburg erinnern heute eine Straße und ein Anker an die mutige Kapitänsfrau. In Bremen, wo Margaretha Meinders bald nach den dramatischen Ereignissen lebte, gibt es außer dem Grab keinen weiteren Erinnerungsort für sie.

---

1 Von Susanne ist lediglich das Geburtsjahr 1887 überliefert.

AA 68

Wobetha Isenberg

geb. Glade

12.5.1846 in Bremen – 10.3.1933 in Bremen

Das mit antikischen Säulen und einem Dreiecksgiebel repräsentativ gestaltete Familiengrabmal ist die letzte Ruhestätte der Mäzenin Wobetha, genannt Beta Isenberg. Die stehende Christus-Figur, die mit dem rechten Arm in nordöstliche Richtung weist, und die aus der Bibel entnommenen Sprüche „Der wird euch troesten“, „Ich lebe und ihr sollt auch leben“, „Unser Glaube ist der Sieg“ und „Die Liebe hört niemals auf“ belegen die tiefe Religiosität der Eheleute Isenberg. Auf der großen Platte, die die Gruft abdeckt, sind weitere Familienmitglieder verzeichnet.

Beta Isenbergs Name überdauert bis heute im „Isenbergheim", das 1913/14 von ihr als Zufluchtsstätte für „gefallene Mädchen" an der Kornstraße 209–211 initiiert und finanziert wurde.

Die Tochter des Kaufmanns Heinrich Glade (1810–1896) und seiner Frau Johanne, geb. Winter (1814–1894), heiratete 1869 mit 23 Jahren den verwitweten Zuckerplantagenbesitzer Paul Isenberg (1837–1903) und zog mit ihm nach Hawaii. 1878 kehrte das reich gewordene Paar nach Bremen zurück und engagierte sich großzügig für kirchliche, soziale und weltliche Einrichtungen. Auch nach dem Tod ihres Mannes blieb die Mutter von acht Kindern, zwei davon aus Pauls erster Ehe, engagiert. Sie finanzierte den Bau der Zionskirche, den Anbau des Schwesternhauses der Diakonissenanstalt und unterstützte den Bau des Landhauses Horn[1]. Ein großes Anliegen war ihr die Versorgung von Kindern, die „mit der Behörde in Konflikt geraten sind", von der Jugendfürsorge „aus ihrer bisherigen Umgebung herausgenommen und sofort untergebracht werden müssen", deren „Mütter und Väter im Gefängnis oder sonst außerstande sind sie zu versorgen" oder „deren Eltern, zeitweise durch Krankheit, Krankenhausaufenthalt, Reise etc. nicht die nötige Fürsorge zukommen lassen können"[2].

Während und nach dem Krieg geschah manchen Mädchen im Isenbergheim jedoch „viel Leid" und „großes Unrecht" durch die „oftmals brutale Erziehung"[3]. Dies führte 1978 zur Schließung. Seit 1980 ist das „Haus Isenberg" eine zeitgemäße Langzeiteinrichtung für ältere, beeinträchtigte Männer, welche die Erinnerung an die großzügige Mäzenin und ihre Nächstenliebe lebendig hält.

1 Siehe hierzu auch Meta von Post, Seite 58.

2 https://www.inneremission-bremen.de/wp-content/uploads/2020/08/ISENBERGHEIM_10ansicht-002.pdf; S. 8.

3 Ebd. S. 29–32.

Z 255

Dorothee Colberg-Tjadens

geb. Tjadens

13.5.1922 in Berlin – 22.11.2004 in Bremen

Rechts und links des Weges stehen zwei Grabsteine: Der schlanke schwarzgrünlich marmorierte nennt auf der Rückseite die Familie Colberg mit dem Spruch „Sein im Wandel der Ewigkeit". Die stark reduzierte Halbfigur auf der Vorderseite des Steins soll diesen Wandel darstellen. Vermutlich hat Dorothee Colberg-Tjadens an der Gestaltung mitgewirkt oder die Skulptur sogar selbst gefertigt. Ihr bräunlich-rosafarbener Grabstein hingegen ist sehr schlicht gehalten und ohne Schmuckelemente. Eingraviert sind lediglich ihr Name sowie ihr Geburts- und Sterbejahr. Eine Grabfläche ist bei keinem der Steine angelegt.

Dorothee Tjadens absolvierte nach dem Abitur in den Kriegsjahren seit 1940 zwei Ausbildungen zur Töpferin und ein Studium für Keramik und legte 1948 die Meisterprüfung ab. Von 1951 bis 1987 arbeitete sie als Dozentin und Professorin an der Hochschule für Gestaltende Kunst und Musik in Bremen. 1954 heiratete Dorothee Tjadens den Bremer Bildhauer Günther Colberg (1927–1980), mit dem sie zwei Söhne, Peter und Thomas, bekam. Neben ihrer künstlerischen Arbeit und Lehrtätigkeit, mit der sie maßgeblich für den Familienunterhalt sorgte, leistete sie auch die Familienarbeit.

In ihrer Werkstatt schuf sie über Jahrzehnte vielseitige, eigenwillige und ungewöhnliche Gefäße, experimentierte mit Glasuren und Farben und beherrschte die kompliziertesten Techniken. Ihre Arbeiten sind einzigartige Skulpturen und Unikate. Colberg-Tjadens war 1959 eines der sieben Gründungsmitglieder der Arbeitsgemeinschaft Kunsthandwerk, deren Arbeiten im Focke-Museum jährlich gezeigt wurden. Deutschlandweit beteiligte sie sich mit wenigen Ausnahmen jedes Jahr an Ausstellungen. Außerdem war Dorothee Colberg-Tjadens Mitglied in der Gruppe 83, einer 1983 gegründeten, international anerkannten Vereinigung von Keramiker:innen.

Neben der Kunst widmete sie sich politischen Themen und arbeitete im SPD-Vorstand sowie als Vorsitzende des SPD-Ortsvereins Schwachhausen Süd-Ost. Mit Hans Koschnick verband Dorothee Colberg-Tjadens eine politische Freundschaft, die sich aus der Gegnerschaft zum NATO-Beitritt der Bundesrepublik, zur Wiederbewaffnung und zum Kriegsdienst speiste und die auch politische Meinungsverschiedenheiten aushielt.

1995 erlitt die engagierte Künstlerin und Politikerin einen Schlaganfall und reduzierte daraufhin ihre Arbeit in beiden Bereichen. In ihrer Todesanzeige bekundete die SPD ihren großen Respekt, während ihre Kolleg:innen im Kunsthandwerk an Dorothee Colberg-Tjadens Humor, an ihre Ungeduld und an ihre anregenden Impulse erinnerten.

Danksagung

Viele Menschen haben uns bei der Arbeit für dieses Buch unterstützt und damit zum guten Gelingen beigetragen. Wir bedanken uns für die vielen Informationen und Gespräche, die die Lebensbilder der Frauen bereicherten, sowie für die Überlassung von Porträtfotografien, die die Frauen sichtbar machen. Besonders danken wir Kathrin Frese, stellvertretende Leiterin des Riensberger Friedhofs, die uns immer wieder half, Grabnummern und Gräber zu finden, Dr. Dorothee Hansen von der Kunsthalle Bremen, Dr. Volker Kröning von der Wilhelm und Helene Kaisen Stiftung, Svetlana Andreeva vom Focke-Museum, Boris Löffler vom Staatsarchiv Bremen, Anne Block und Anja von dem Knesebeck-Wierczoch vom Weser-Kurier sowie den Fotografen Frank Thomas Koch und Jochen Stoss.
Für die finanzielle Unterstützung danken wir herzlich dem Ortsamt Schwachhausen/Vahr, der Margarethe von Post-Stiftung, der Waldemar Koch Stiftung sowie Romina Schmitter, Karla Rehbein, Dr. Angelika Saupe, Irmgard Lindenthal, Dr. Renate Meyer-Braun, Irene Meyer-Herbst, Marion Otto, Helma Scholz und Ingeborg Weber-Dwertmann.
Unser ganz besonderer Dank gilt dem Carl Schünemann Verlag mit unserer Lektorin Caroline Simonis und der Grafikerin Karin Hannemann.

Literatur und Quellen

Bücking, Paula
Bücking, Christine: persönliche Kommunikation, 15.10./5.11.2023.
Bücking, Robert: persönliche Kommunikation, 8.8./30.9./4.10.2023.
Spitta, Theodor: Aus meinem Leben. Bürger und Bürgermeister in Bremen, München 1969, S. 209–214, 235–239, 360.
Weber-Dwertmann, Ingeborg: persönliche Kommunikation, 2.10./6.10./16.10.2023.
www.prinzhöfte-schule.de

Carstens, Veronica
Rheinische Post, 25.1.2012.
Salentin, Ursula: Fünf Wege in die Villa Hammerschmidt, Freiburg im Breisgau 1984, S. 133–155.
Schmitz, Jessica: persönliche Kommunikation, 13.6.2023.
www.carstens-stiftung.de

Colberg-Tjadens, Dorothee
www.capriolus.nl/de/content/colberg-tjadens-dorothee
www.keramikerin-dorothee-colberg-tjadens.de

Cyrus, Hannelore
Bock, Maren: persönliche Kommunikation, 13.4.2023.
Bock, Maren: Trauerrede für Hannelore Cyrus.
Cyrus, Hannelore: Für Cedric, o. O. und o. J.
Cyrus, Oliver: persönliche Kommunikation, 1.8.2023.

Ehlers, Ella
Contzen, Regina: Ehlers, Ella, in: Bremer Frauenmuseum (Hrsg.): Frauen Geschichte(n), Biografien und FrauenOrte aus Bremen und Bremerhaven, Bremen 2016, S. 91–92.
www.bremer-frauenmuseum.de/strassennamen/

Ewel, Maria
Ahner-Siese, Ingeborg: Die Bildhauer der Bremer Bauhütte. Arbeiten für die Baudenkmalpflege und Werke aus drei Jahrzehnten. 1948–1956, S. 55, 62, 78.
Hildebrand, Gisela: Ewel, Maria, in: Bremer Frauen von A bis Z, Bremen 1991, S. 91–93.
Dies.: Ewel, Maria, in: Bremer Frauenmuseum (Hrsg.): Frauen Geschichte(n), Biografien und FrauenOrte aus Bremen und Bremerhaven, Bremen 2016, S. 107–109.
Maria Ewel, in: Wikipedia, de.wikipedia.org/wiki/Maria_Ewel

Forck, Tusnelde und Elisabeth
Hannover-Drück, Elisabeth: Forck, Elisabeth; Forck, Tusnelde, in: Bremer Frauen von A bis Z, Bremen 1991, S. 198–205.
Dies.: Mitglieder der Bekenntnisgemeinde St. Stephani, unveröffentlichtes Redemanuskript zur Vortragsreihe des Bremer Frauenmuseums e. V.: „Du sollst nicht schweigen …“ – Bremerinnen unterm Nazi-Terror, 25.4.1995 und 28.4.1995 in Bremen.
Dies.: Forck, Tusnelde, in: Bremer Frauenmuseum (Hrsg.): Frauen Geschichte(n), Biografien und FrauenOrte aus Bremen und Bremerhaven, Bremen 2016, S. 125–126.
Reich, Marion: Forck, Elisabeth, in: Bremer Frauenmuseum (Hrsg.): Frauen Geschichte(n), Biografien und FrauenOrte aus Bremen und Bremerhaven, Bremen 2016, S. 123–125.

Gildemeister, Sophie Amalie
Cyrus, Hannelore: Gildemeister, Sophie Amalie, in: Bremer Frauen von A bis Z, Bremen 1991, S.182–184.
Domdey, Ute: Riensberger Gräber erzählen. Aus dem Leben Bremer Frauen, Bremen 1997, S. 77–89.
Historische Gesellschaft zu Bremen (Hrsg.): Bremische Weihnachtsblätter: Mess, Friedrich: Aus Bremens Biedermeierzeit. Sophie Gildemeisters Briefe an Josephe Stolberg, Heft 14, Bremen 1958.

Gurlit, Inge
ASE/EPD: Kirche will kein Sparschwein sein, in: TAZ 27.3.1992.
Gurlit, Inge: „Obwohl sie eine Frau ist, ist sie sehr gut“, in: Landesverband der Evangelischen Frauenhilfe Bremen e. V. (Hrsg.): Frauen heute, 4/93, S. 5–6.
Dies.: Ein weißer Petticoat mit viel Spitze, Frauen heute, 1/94, S. 10.
Dies.: Das letzte Wort!, Frauen heute, 1/94, S. 25.
Niebuhr, Annette: Inge Gurlit, in: Gleichstellungsbeauftragte der Evangelischen Kirche u. a. (Hrsg.): Was von der Flamme weitergeben, Bremen 2019, S. 9.
Steiner, Hanni: Powerfrau der Evangelischen Kirche. Inge Gurlit ist gestorben, in: Weser Kurier, 7.2.2013.
Todesanzeigen der Bremischen Evangelischen Kirche und der Familie.

Hannover-Drück, Elisabeth
Bremer Frauenmuseum e. V. (Hrsg.): Elisabeth Hannover-Drück – Aufsätze, Reden und Vorträge – eine Auswahl, Bremen, 2010.
Hannover, Almut und Bettina: persönliche Kommunikation, April, Mai und Juni 2023.
Lindenthal, Irmgard: persönliche Kommunikation.
Schmitter, Romina: Hannover-Drück, Elisabeth, in: Bremer Frauenmuseum (Hrsg.): Frauen Geschichte(n), Biografien und FrauenOrte aus Bremen und Bremerhaven, Bremen 2016, S. 157–158.

Heineken, Sara Agnes
Holzner-Rabe, Christine: Vortrag zum Jubiläum „100 Jahre Soziale Frauenbildung in Bremen“ am 16.10.2018, Bremen.
König, Johann Günther: Die streitbaren Bremerinnen, Bremen 1981, S. 186–216.
Uhlenhaut, Hilda: Frauen- Erwerbs- und Ausbildungsverein. 125 Jahre Frauenbildung 1867 bis heute. Eine Chronik, Bremen 1992, S. 76–86.

Hoffmann, Ottilie
Ahlers, Elsa: Ottilie Hoffmann 1835–1925. Das Lebensbild einer Reformerin, Bremen 1966.
Domdey, Ute: Riensberger Gräber erzählen. Aus dem Leben Bremer Frauen, Bremen 1997, S. 23–37.
Eckler von Gleich, Cecilie: Hoffmann, Ottilie, in: Bremer Frauenmuseum (Hrsg.): Frauen Geschichte(n), Biografien und FrauenOrte aus Bremen und Bremerhaven, Bremen 2016, S. 177–179.
Dies.: „Komm, wir gehen nach Ottilie!“, 100 Jahre Frauenbewegung und Abstinenz. Die Ottilie Hoffmann-Häuser in Bremen, Bremen 2000.
Meyer-Renschhausen, E.: Verdrängung des Profanen als Verdrängung des Weiblichen: zum Verschwinden der Ottilie-Hoffmann-Häuser. Psychologie und Gesellschaftskritik, 18(3/4), 189–199: https://nbn-resolving.org/urn:nbn:de:0168-ssoar-249612

Hübner-Kunath, Hanna
Hauser, Andrea: Freisein in der Luft, in: Vereinigung Deutscher Pilotinnen e. V. im DAeC e. V.
Dies.: Vom Freisein in der Luft, in: Weser Kurier vom 11.6.2022.
Arno Theodor Kunath, in wikiwand, www.wikiwand.com/de/Arno_Theodor_Kunath
www.bremer-frauenmuseum.de/Frauenporträts/Kunath

Isenberg, Wobetha
Cyrus, Hannelore: Isenberg, Wobetha, in: Bremer Frauen von A bis Z, Bremen 1991, S. 407–408.
Engelbracht, Gerda: „Denn bin ich unter das Jugendamt gekommen“ – Bremer Jugendfürsorge und Heimerziehung 1933–1945, Bremen 2018.
www.inneremission-bremen.de/wp-content/uploads/2020/08/ISENBERG-HEIM_10ansicht-002.pdf

Kaisen, Helene, Ingeborg und Ilse
Kaisen, Ilse: Unser Leben in Borgfeld. Zur Erinnerung an meine Eltern und Geschwister, Bremen 2003.
Meyer-Braun, Renate: Kaisen, Helene; Kaisen, Ingeborg; Kaisen, Ilse, in: Bremer Frauenmuseum (Hrsg.): Frauen Geschichte(n), Biografien und FrauenOrte aus Bremen und Bremerhaven, Bremen 2016, S. 197–201, 276–277.
Müller, Hartmut: Helene Kaisen, Annäherung an eine Biographie, Bremen 2013.
Nauenburg, Peter: persönliche Kommunikation, 20.11.2023.
Wilhelm und Helene Kaisen-Stiftung, in Wikipedia, de.wikipedia.org/wiki/Wilhelm_und_Helene_Kaisen-Stiftung
www.senatspressestelle.bremen.de/pressemitteilungen/offizielle-einweihung-der-ilse-kaisen-strasse-im-stadtleben-ellener-hof-419478

von Kapff, Aline
Busch, Günther und von Reinken, Liselotte: Paula Modersohn-Becker in Briefen und Tagebüchern, Frankfurt a. M. 1979.
Domdey, Ute: Riensberger Gräber erzählen. Aus dem Leben Bremer Frauen, Bremen 1997, S. 38–47.
Dies.: von Kapff, Aline, in: Bremer Frauenmuseum (Hrsg.): Frauen Geschichte(n), Biografien und FrauenOrte aus Bremen und Bremerhaven, Bremen 2016, S. 201–204.
Stamm, Rainer: „Ein kurzes intensives Fest“. Paula Modersohn-Becker, Stuttgart 2007.
Weser Kurier 13.7.2017.

Kirchhoff, Auguste
Cyrus, Hannelore: Kirchoff, Auguste, in: Bremer Frauenmuseum (Hrsg.): Frauen Geschichte(n), Biografien und FrauenOrte aus Bremen und Bremerhaven, Bremen 2016, S. 212–214.
Holzner-Rabe, Christine: Von Gräfin Emma und anderen Em(m)anzen, Bremen 2004, S. 62–66.
König, Johann Günther: Die streitbaren Bremerinnen, Bremen 1981, S. 107–185.
Wottrich, Henriette: Auguste Kirchhoff. Eine Biographie, Bremen 1990.
www.lc-auguste-kirchhoff.de/Ueber-uns-Gruendungscharter.html

Krüger, Helga
Heinz, Walter R. und Gottschall, Karin: In Memoriam Helga Krüger: www.yumpu.com/de/document/read/5604936/in-memoriam-helga-kruger-sektion-familiensoziologie
www.abitur-und-studium.de/Blogs/

Universitaet-Bremen/Der-neue-Familienbericht-wird-fuer-Ueberraschungen-sorgen
Krüger, Helga: Endlos studieren, in: Vogel, Ulrike (Hrsg.): Wege in die Soziologie und die Frauen- und Geschlechterforschung, Wiesbaden 2006, S. 61–72.
Müller, Wilfried: persönliche Kommunikation, 8./21.11.2023.
www.familienbildung.unibremen.de/veranstaltungen/krueger/krueger_kurzbio2005_02.pdf

Loose-Hartke, Anneliese
Hethey, Frank: Einst ein beliebter Anlaufpunkt, in: Weser Kurier Geschichte, 13.12.2014.
Thies, Erika: Bürgermeister einer Kleinstadt, in: Weser Kurier 29.10.2014.
Schnoor-Archiv, in: Wikipedia, de.wikipedia.org/wiki/Schnoor-Archiv
www.senatspressestelle.bremen.de/pressemitteilungen/anneliese-loose-hartke-erhaelt-die-bundesverdienstmedaille-jahrzehntelanger-einsatz-fuer-das-bremer-schnoor-viertel-wird-gewuerdigt-7043

Meinders, Margareta
Feldkamp, Ursula: Meinders, Margareta, in: Bremer Frauenmuseum (Hrsg.): Frauen Geschichte(n), Biografien und FrauenOrte aus Bremen und Bremerhaven, Bremen 2016, S. 270–273.
Kreiszeitung: Margaretha Meinders. Heldin auf hoher See, 20.9.2017.

Mevissen, Annemarie
Meyer-Braun, Renate: Frau Bürgermeister Annemarie Mevissen, Bremen 2011.
Dies.: Mevissen, Annemarie, in: Bremer Frauenmuseum (Hrsg.): Frauen Geschichte(n), Biografien und FrauenOrte aus Bremen und Bremerhaven, Bremen 2016, S. 278–280.
Sundermann, Karin, in: Weser Kurier, 12.11.2014.

Murtfeld, Amalie
Cyrus, Hannelore: Murtfeld, Amalie, in: Bremer Frauen von A bis Z, Bremen 1991, S. 117–120.
Domdey, Ute: Riensberger Gräber erzählen. Aus dem Leben Bremer Frauen, Bremen 1997, S. 90–97.
Dies.: Murtfeld, Amalie, in: Bremer Frauenmuseum (Hrsg.): Frauen Geschichte(n), Biografien und FrauenOrte aus Bremen und Bremerhaven, Bremen 2016, S. 295–297.

Noltenius, Elisabeth
Hildebrand, Inge: Noltenius, Elisabeth, in: Bremer Frauen von A bis Z, Bremen 1991, S. 120–123.
Pourshirazi, Katja: Noltenius, Elisabeth, in: Bremer Frauenmuseum (Hrsg.): Frauen Geschichte(n), Biografien und FrauenOrte aus Bremen und Bremerhaven, Bremen 2016, S. 303–304.
Gefangenenerschießungen im Luitpold-Gymnasium, in: Wikipedia, de.wikipedia.org/wiki/Gefangenenerschie%C3%9Fungen_im_Luitpold-Gymnasium
www.geni.com/people/Johannes-Noltenius/6000000014073963823

Opelt-Stoevesand, Erika
Voigt, Heidemarie: persönliche Kommunikation, 30.8.2023.
Todesanzeigen.
www.eos-stiftung.de/stiftung/frau-erika-opelt-stoeversandt/
www.senatspressestelle.bremen.de/pressemitteilungen/erika-opelt-stoe-

vesandt-erhaelt-die-senatsmedaille-fuer-kunst-und-wissenschaft-7311?asl=bremen146.c.25714.de

Papendieck, Auguste
Bernsmeier, Uta: Papendieck, Auguste, in: Bremer Frauenmuseum (Hrsg.): Frauen Geschichte(n), Biografien und FrauenOrte aus Bremen und Bremerhaven, Bremen 2016, S. 317–319.
Dies.: Papendieck, Auguste, in: Bremer Landesmuseum für Kunst- und Kulturgeschichte (Hrsg.): Auguste Papendieck Töpferin, Bremen 2014.
Holzner-Rabe, Christine: Papendieck, Auguste, in: Bremer Frauen von A bis Z, Bremen 1991, S. 130–132.

Pauli, Magdalene
Berck, Marga: Sommer in Lesmona, Hamburg 1951.
Brookner, Anita: Vigée-Lebrun. Die Künstlerin mit ihrer Tochter, in: von Bonin, Wibke (Hrsg.): 100 Meisterwerke aus den großen Museen der Welt, Bd. 2, Köln 1985, S. 22–27.
Dirks-Meisen, Gesa: Pauli, Magdalene, in: Domdey, Ute: Riensberger Gräber erzählen. Aus dem Leben Bremer Frauen, Bremen 1997, S. 48–55.
Meisen, Gesa: Pauli, Magdalene, in: Bremer Frauenmuseum (Hrsg.): Frauen Geschichte(n), Biografien und FrauenOrte aus Bremen und Bremerhaven, Bremen 2016, S. 46–49.
Pauli, Gustav: Erinnerungen aus sieben Jahrzehnten, Tübingen 1936, S. 398.
www.homes.uni-bielefeld.de/bseiler/Lesmona/Buch/xanhaenge.pdf

Pohl-Weber, Rosemarie
Ansprachen bei der Trauerfeier für Rosemarie Pohl-Weber am 21.7.1990 im Focke-Museum.
www.chronik-horn-lehe.de/Personen/Pohl_Weberl.htm
www.taz.de/!1760418/

von Post, Margarethe
Domdey, Ute: Riensberger Gräber erzählen. Aus dem Leben Bremer Frauen, Bremen 1997, S. 10–22.
Dies.: von Post, Margarethe, in: Bremer Frauenmuseum (Hrsg.): Frauen Geschichte(n), Biografien und FrauenOrte aus Bremen und Bremerhaven, Bremen 2016, S. 334–336.
Grohne, Ernst: Das alte Haus Riensberg, die Heimstätte des Focke-Museums in Bremen, Bremen 1953.

Riemer-Noltenius, Erika
Groll, Tina: Verfechterin eines unabhängigen Lebens, in: Weser Kurier, 14.12.2008.
Schmitter, Romina: Riemer-Noltenius, Erika, in: Bremer Frauenmuseum (Hrsg.): Frauen Geschichte(n), Biografien und FrauenOrte aus Bremen und Bremerhaven, Bremen 2016, S. 353–355.
Weser-Report: Mehr Humanität, 29.3.2000.

Rodewald, Verena
Drechsel, Wiltrud Ulrike: Höhere Töchter. Zur Sozialisierung bürgerlicher Mädchen im 19. Jahrhundert, Bremen 2001.
Holzner-Rabe, Christine: Verena Rodewald, in: Renate Meyer-Braun (Hrsg.): Frauen ins Parlament! Porträts weiblicher Abgeordneter in der Bremischen Bürgerschaft, Bremen 1991, S. 217–237.
Dies.: Rodewald, Verena, in: Bremer Frauenmuseum (Hrsg.): Frauen Geschichte(n), Biografien und FrauenOrte aus Bremen und Bremerhaven, Bremen 2016, S. 358–360.

Susemihl-Gildemeister, Félicie
Domdey, Ute: Riensberger Gräber erzählen. Aus dem Leben Bremer Frauen, Bremen 1997, S. 72–76.
Dies.: Susemiehl-Gildemeister, Félicie, in: Bremer Frauenmuseum (Hrsg.): Frauen Geschichte(n), Biografien und FrauenOrte aus Bremen und Bremerhaven, Bremen 2016, S. 440–442.
Susemihl-Gildemeister, Lissy (Hrsg.): Briefe von Otto Gildemeister, Leipzig 1922.

Personenregister

am Ende, Hans (1864–1918), Worpsweder Künstler

Anna Amalie, Herzogin von Sachsen-Weimar u. Eisenach (1739–1807), Regentin, Mäzenin, Komponistin

Bardenheuer, Rita (1877–1943), Lehrerin, Sozialpolitikerin, Mitgründerin des Bremer Zweiges des Bundes für Mutterschutz und Sexualreform, Bürgerschaftsabgeordnete

Bäumer, Gertrud (1873–1954), Frauenrechtlerin, Reichstagsabgeordnete von 1920–1932

Beauvais, Peter (1916–1986), Regisseur

Böhrnsen, Jens (*1949), Jurist, Bremer Bürgermeister und Präsident des Senats von 2005–2015

Brand, Willy (1913–1992), während der NS-Zeit im Widerstand, Exil in Norwegen und Schweden, Bundeskanzler von 1969–1972

Bromberger, Dora (1881–1942), Bremer Malerin

Bromberger, Henriette (1882–1942), Bremer Pianistin

Carlisle, Rosalind Howard, Countess of Carlisle (1845–1921), britische Frauenrechtlerin und Aktivistin in der Mäßigkeitsbewegung

Cominotto, Jürgen (*1852), Bremer Bildhauer

Enderle, Irmgard (1895–1985), Mitglied der Sozialistischen Arbeiterpartei Deutschland SAPD, Exil in Schweden, Frauenrechtlerin und Abgeordnete der Bremischen Bürgerschaft von 1948–1949

Fitger, Arthur (1840–1909), Bremer Allegorien- und Historienmaler, Kunstkritiker, Dichter

Focke, Johann (1848–1922), Gründer und Leiter des nach ihm benannten Focke-Museums

Franke, Horst Werner (1932–2004), Senator für Wissenschaft, Kunst und Bildung von 1975–1990
Gildemeister, Otto (1823–1902), Journalist, Schriftsteller, Übersetzer, ab 1857–1890 mehrfach Senator und Bremer Bürgermeister
Gleim, Betty (1781–1827), Pädagogin und Schulgründerin
van Gogh, Vincent (1853–1890), niederländischer Maler und Zeichner
Greiffenhagen, Gustav (1902–1968), Pastor der St. Stephani-Gemeinde
Grobien, Barbara (*1938), Förderin von Kunst und Kultur in Bremen
Grohne, Ernst (1888–1957), Historiker, Volkskundler, Denkmalpfleger, von 1924–1953 Direktor des Historischen Museums
Händel, Georg Friedrich (1685–1759), Komponist
Herzog, Roman (1934–2017), Jurist, Bundespräsident von 1994–1999
Homfeld, Claus (1933–2019), Bremer Bildhauer
Janson, Gustav (o. D.), 1907 Nachfolger als Schulleiter seiner Schwester Ida Janson
Janson, Ida (1847–1923), Schulleiterin von 1878–1907
Juchaz, Marie (1879–1956), Sozialreformerin, Frauenrechtlerin, Gründerin der Arbeiterwohlfahrt, hielt am 19.1.1919 in der Deutschen Nationalversammlung als erste Frau in einem deutschen Parlament eine Rede
Kirchner, Carl (1822–1869), Maler, erster Lehrer von Amalie Murtfeld
Koschnick, Hans (1929–2016), Bremer Bürgermeister und Präsident des Senats von 1965–1985
Kotzebue, August von (1761–1819), Dichter, Dramatiker, Schriftsteller
Kotzebue, Christine (1736–1828), Großmutter von S. A. Gildemeister
Lammers, Mathilde (1837–1905), Lehrerin, Frauenrechtlerin
Lange, Helene (1848–1930), Pädagogin, Frauenrechtlerin, Politikerin, 1919 Alterspräsidentin der Hamburgischen Bürgerschaft
Lasius, Sophie (1819–1849), Gehilfin und spätere Nachfolgerin als Schulleiterin von Betty Gleim
Laweg, Helene (o. D.), Schulleiterin der Höheren Mädchenschule Am Dobben 109
Lemke, Thilde (Mathilde), (1915–2012), Verwandte der zweiten Ehefrau von Hermann Rodewald
Lettow, Kurt (1908–1992), Bildhauer
Liebknecht, Karl (1871–1919), Sozialist, Reichstagsabgeordneter von 1912–1916, zusammen mit Rosa Luxemburg u. a. Gründer des Spartakusbundes
Luxemburg, Rosa (1871–1919), Politikerin, Chefredakteurin, Autorin, Mitgründerin der KPD
Mackensen, Fritz (1866–1953), Maler, Mitgründer der Worpsweder Künstlerkolonie
Meyer-Braun, Renate (*1938), Historikerin, Autorin
Mindermann, Marie (1808–1882), Bremer Schriftstellerin und Revolutionärin 1848–1852
Modersohn, Otto (1865–1943), Maler, Mitgründer der Worpsweder Künstlerkolonie, seit 1901 verheiratet mit Paula Modersohn-Becker
Modersohn-Becker, Paula (1876–1907)
Müller, Meta (o. D.), Schulleiterin der Elementarschule Fedelhören 15 in der zweiten Hälfte des 19. Jahrhunderts
Otto-Peters, Luise (1819–1895), Frauenrechtlerin, Mitgründerin des Allgemeinen Deutschen Frauenvereins 1865 in Leipzig
Pauli, Alfred (1827–1915), Jurist, Bremer Bürgermeister seit 1891 bis 1910,

insgesamt siebenmal jeweils für ein Jahr
Pauli, Gustav (1866–1938), Sohn von Alfred Pauli, ab 1899 wissenschaftlicher Mitarbeiter und von 1905–1914 Direktor der Bremer Kunsthalle
Pauli, Emmy (1833–1890), Schwiegermutter von Magdalene Pauli
Popall, Käthe (1907–1990), kommunistische Widerstandskämpferin, erste Senatorin Bremens 1945, ab 1946 Senatorin für Gesundheit und später für das Wohlfahrtswesen
Rau, Johannes (1931–2006), Bundespräsident von 1999–2004
Rilke, Rainer Maria (1875–1926), Dichter
Riemann, Katja (*1963), Schauspielerin
Rodewald, Aenni (1877–1958), zweite Frau von Hermann Rodewald
Schellhass, Bertha (1875–1896), Cousine von Magdalene Pauli
Scherf, Henning (*1938), Bremer Bürgermeister und Präsident des Senats von 1995–2005
Schmidt, Renate (*1943), SPD-Bundesministerin für Familie, Senioren, Frauen und Jugend von 2002–2005
Schmitz, Adèle geb. Roessingh (1868–1951), Bremer Frauenrechtlerin
Stiegler, Agnes geb. Behrend (1881–1963), Bremer Politikerin und SPD-Abgeordnete in der Bremischen Bürgerschaft von 1919–1933
Stolberg, Josephe (†1841), lt. Wikipedia Josephe Ulbricht aus Stolberg am Harz; lt. Fr. Mess Tochter des regierenden Grafen Joseph Stolberg-Stolberg
Vigeé-Lebrun, Elisabeth (1755–1842), französische Malerin
Vogeler, Heinrich (1872–1942), Bremer Designer und Maler, Mitgründer der Worpsweder Künstlerkolonie und Erbauer des Barkenhoffs

Bildnachweis

Alle Fotografien vom Friedhof Riensberg: Regina Contzen

Lageplan des Friedhofs Riensberg (Umschlag innen): Umweltbetriebe Bremen

Bildnachweis für die Porträts

Anneliese Loose-Hartke Stiftung: S. 15

belladonna: S. 41

Bremer Tageszeitungen AG, Bildarchiv des Weser-Kurier: S. 18 (Frank Thomas Koch), 75 (Walter Schumann)

Deutsches Schifffahrtsmuseum: S. 104

Focke-Museum, Landesmuseum für Kunst- und Kulturgeschichte Bremen (Originale): S. 34, 50, 58, 69

Herzogin Anna Amalia Bibliothek: S. 12

Karl und Veronica Carstens-Stiftung: S. 31

Kunsthalle Bremen – Karen Blindow, Artothek: S. 72, 78

Privat: S. 81, 89, 91, 94

Staatsarchiv Bremen: S. 9 (Jochen Stoss), 21, 25, 28, 38 (Willy Dose), 44 mitte und unten, 54, 62, 85, 87, 97, 101, 106, 108 (Jochen Stoss)

Wilhelm und Helene Kaisen-Stiftung: S. 44 oben

Die Deutsche Nationalbibliothek verzeichnet diese Publikation in der Deutschen Nationalbibliografie; detaillierte bibliografische Daten sind im Internet über http://dnb.dnb.de abrufbar.

www.schuenemann-buchverlag.de

1. Auflage 2024

Text: Christine Holzner-Rabe
Fotografien (soweit nicht anders angegeben): Regina Contzen
Gesamtherstellung: Carl Schünemann Verlag

Printed in EU 2024
ISBN 978-3-7961-1209-6

Druckprodukt mit finanziellem Klimabeitrag
ClimatePartner.com/12995-2407-1009

Besuchen Sie uns auch auf Facebook und Instagram.